Amigo Fiel

A você, que vai entrar agora nessa linda e reveladora psicografia, eu desejo muita luz, paz, amor e felicidade. Que as linhas por mim psicografadas lhe ajudem em sua jornada evolutiva.

São meus sinceros votos,

OSMAR BARBOSA

PELO ESPÍRITO DE LUCAS

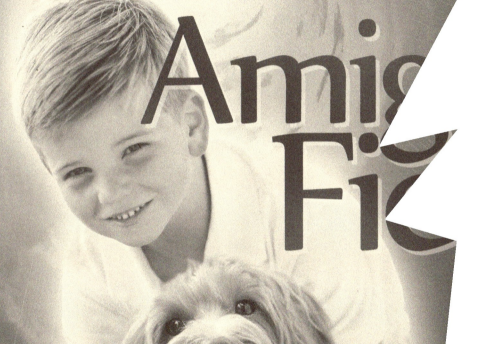

Amigo Fiel

Amigo Fiel

Book Espírita Editora
2ª Edição
| Rio de Janeiro | 2020 |

OSMAR BARBOSA

Pelo Espírito de Lucas

BOOK ESPÍRITA EDITORA

ISBN: 978-85-92620-35-6

Capa
Marco Mancen

Projeto Gráfico e Diagramação
Marco Mancen Design Studio

Revisão
Anna Julia Paixão
Mauro Nogueira

Marketing e Comercial
Michelle Santos

Pedidos de Livros e Contato Editorial
comercial@bookespirita.com.br

Copyright © 2020 by
BOOK ESPÍRITA EDITORA
Região Oceânica, Niterói, Rio de Janeiro.

2ª edição
Prefixo Editorial: 92620
Impresso no Brasil

Todos os direitos reservados e protegidos pela Lei 9.610, de 19/02/1998. Nenhuma parte deste livro pode ser reproduzida ou transmitida por quaisquer formas ou meios eletrônicos ou mecânicos, incluindo fotocópia, gravação, digitação, entre outros, sem permissão expressa, por escrito, dos editores.

O autor cedeu os direitos autorais deste livro à
Fraternidade Espírita Amor e Caridade.
Rua São Sebastião, 162 - Itaipu - Niterói, Rio de Janeiro.
Tel.: 21 3254-7320
www.fraternidadeespirita.org

Outros livros psicografados por Osmar Barbosa

Cinco Dias no Umbral
Gitano - As Vidas do Cigano Rodrigo
O Guardião da Luz
Orai & Vigiai
Colônia Espiritual Amor e Caridade
Ondas da Vida
Antes que a Morte nos Separe
Além do Ser - A História de um Suicida
A Batalha dos Iluminados
Joana D'Arc - O Amor Venceu
Eu Sou Exu
500 Almas
Cinco Dias no Umbral - O Resgate
Entre nossas Vidas
O Amanhã nos Pertence
O Lado Azul da Vida
Mãe, Voltei!
Depois...
O Lado Oculto da Vida
Entrevista com Espíritos - Os Bastidores do Centro Espírita
Colônia Espiritual Amor e Caridade - Dias de Luz
O Médico de Deus
Impuros - A Legião de Exus
Vinde à Mim
Autismo - A escolha de Nicolas
Umbanda para Iniciantes
Parafraseando Chico Xavier

Agradecimento

Agradeço primeiramente a Deus por ter me concedido esse verdadeiro privilégio de servir humildemente como um mero instrumento dos planos superiores.

Agradeço a Jesus Cristo, espírito modelo, por guiar, conduzir e inspirar meus passos nessa desafiadora jornada terrena.

Agradeço ao Lucas e aos demais espíritos ao lado dos quais tive a honra e o privilégio de passar alguns dias psicografando este livro. Agradeço ainda pela oportunidade e por permitirem que essas humildes palavras, registradas neste livro, ajudem as pessoas a refletirem sobre suas atitudes, evoluindo.

Agradeço ainda a minha família, pela cumplicidade, compreensão e dedicação. Sem vocês ao meu lado, dando-me todo tipo de suporte, nada disso seria possível.

E agradeço a você, leitor amigo, que comprou este livro, e, com a sua colaboração, nos ajudará a levar a Doutrina Espírita e todos os seus benefícios e ensinamentos para mais e mais pessoas.

Obrigado.

A todos, os meus mais sinceros agradecimentos.

Osmar Barbosa

> Recomendamos a leitura de outras obras psicografadas por Osmar Barbosa para melhor familiarização com os personagens deste livro.
>
> O Editor

Conheça um pouco mais de Osmar Barbosa em
www.osmarbarbosa.com.br

*"A missão do médium é o livro.
O livro é chuva que fertiliza lavouras imensas,
alcançando milhões de almas."*

Emmanuel

Sumário

19 | PREFÁCIO

27 | A PSICOGRAFIA

35 | OUTONO

61 | O AMIGO FIEL

87 | A PROVA DIFÍCIL

103 | A VIDA

123 | A DOR QUE FERE A ALMA

137 | O RENASCER

161 | NA DOR

169 | SERES DE LUZ

181 | DE VOLTA À VIDA

191 | O CENTRO ESPÍRITA

199 | A PROVA

213 | IRREPARÁVEL DOR

229 | ONDE VIVEM OS ANIMAIS

241 | A DESPEDIDA

253 | O PECADO DA VIDA

261 | O RESGATE

"Caríssimos, não acrediteis em todos os Espíritos, mas provai se os Espíritos são de Deus, porque são muitos os falsos profetas, que se levantaram no mundo."

(João, Epístola I, cap. IV: 1)

Prefácio

Eu sempre tive a curiosidade em saber para onde vão nossos queridos animais quando morrem. Sou médium e trabalhador do espiritismo há muitos anos, operário do Centro Espírita há tantos outros, posso lhes afirmar que já vi quase tudo dentro de um Centro Espírita. Sou autor de vários livros, todos eles psicografados em desdobramento. Sempre que visito as Colônias Espirituais, vejo animais por lá, vejo cães, gatos, aves e outros animais.

Confesso que nunca tive coragem bastante para perguntar aos espíritos amigos que me acompanham no desdobramento sobre esses animais, como vivem nas Colônias, como foram parar lá, quais os motivos deles existirem por lá, enfim, são vários os porquês. Por isso nunca me atrevi a perguntar aos amigos do plano maior.

Tenho quatro tipos de mediunidade, como já expliquei várias vezes nos livros que psicografo, mas, só para nossa lembrança, vou citá-las novamente aqui; sou médium de desdobramento, psicofonia, psicografia e vidência. As que mais utilizo são as de desdobramento e psicofonia. É em desdobramento que escrevo meus livros.

Amigo Fiel

Certa tarde eu estava sentado tranquilamente em meu escritório, cuidando de uns arquivos no computador, quando de repente me entra um cãozinho alegre abanando o rabinho para mim. Ele estava muito feliz com o nosso encontro, e eu apavorado, pois como expliquei acima sou médium de vidência, não convivo muito bem com esse tipo de mediunidade, confesso. Mas por que me aparece ali um cãozinho assim, sem nenhum motivo aparente? Por que ele estava ali? Por que sozinho? Era um cão vira lata, eu acho, não entendo muito bem de raça de cachorro, acredito que isso não seja o mais importante para a história que iremos conhecer agora. O mais importante é que ele é lindo, bem pequeno e de pelo baixo, porém liso, acho que ele é vira-lata mesmo, tipo misturado. Ele pulava nas minhas pernas me pedindo atenção.

Imediatamente eu parei tudo o que estava fazendo e comecei a acariciar aquele lindo animal (pode parecer coisa de louco, mas eu consegui tocar naquele lindo cãozinho). Ele rodopiava, afastava-se de mim e voltava correndo como se estivesse querendo me mostrar alguma coisa. Logo eu comecei a tentar lembrar se esse animalzinho já havia passado por minha vida, tentei lembrar dos cães que tivemos em nossa casa e nada, na infância, e nada, nas famílias amigas, nada, logo pensei – eu acho que esse cãozinho quer que eu diga para alguém que ele está bem. Assim como acontece com espíritos que aparecem para mim solicitando que eu escreva uma mensagem para seus familiares (isso acontece muito quando eu psicografo).

Como sou presidente da Fraternidade Espírita Amor e Caridade e por lá passam muitas pessoas tristes porque perderam o seu animal de estimação, logo imaginei que seu dono iria me procurar na Fraternidade, e que ele veio até mim para se mostrar e mostrar que está bem e feliz.

Ele se afastou por alguns minutos e eu voltei ao trabalho, muito impressionado com aquele encontro.

Normalmente, quando os espíritos querem escrever algum livro eles me intuem a organizar um horário específico, para juntos começarmos a escrever alguma coisa. Tudo é muito organizado no mundo espiritual, não existem surpresas.

E aquele cãozinho veio sozinho. Achei muito estranho, mas fiquei muito feliz com a visita.

Após esse encontro terminei a tarefa que estava realizando e resolvi ir até a cozinha de minha casa preparar um bom café, afinal já eram cinco horas da tarde.

Para a minha surpresa, após colocar os ingredientes na máquina para passar o café, a minha cadela de nome Boo começou a me cheirar e brincar comigo, a Boo não é de fazer isso. Imaginei, será que aquele cãozinho deixou o seu cheiro em mim? Mas, como assim, se era um espí-

Amigo Fiel

rito, pensei. Sentei-me em uma das cadeiras da mesa de refeições que temos na cozinha enquanto o café passava e comecei a acariciar minha doce cadela que chamamos carinhosamente de Boo. Ela é muito desajeitada. A Boo é uma sheepdog bem grande e peluda.

Repentinamente lá estava ele novamente. Aquele cãozinho alegre agora brincando comigo e com a Boo, que feliz brincava com ele como se ele estivesse vivo. Que susto tomei naquela hora, fiquei preocupado com minha cadela. Como assim ela está vendo esse cãozinho e ainda brincando com ele? Será que a minha cachorra é vidente, assim como eu?

Logo me lembrei da questão 597 de *O Livro dos Espíritos*, onde Allan Kardec traduz a mensagem dos espíritos superiores, os quais afirmam que, nos animais, existe uma inteligência que os permite determinada liberdade de ação, um princípio independente da matéria e que resiste à morte do corpo. "É também uma alma, se quiserdes, dependendo isto do sentido que se der a esta palavra. É, porém, inferior à do homem. Há entre a alma dos animais e a do homem distância equivalente à que medeia entre a alma do homem e Deus".

Lembrei-me também que os egípcios acreditavam nisso.

Logo percebi que a minha cadela estava mesmo brincando com o nosso ilustre visitante. Fiquei tão feliz que até me esqueci de me preocupar com aquela visita, afinal o que queria esse cãozinho comigo? De onde ele veio? Para quê? Por que ele me escolheu para aparecer assim? Meus mentores permitiram essa visita?

Animais são como nós. Eles também vieram para evoluir e, sendo assim, sentem tudo aquilo que sentimos, experimentam tudo o que experimentamos.

Sou totalmente contra o sacrifício de qualquer tipo de animal. Acho que o boi, a vaca e os demais animais não deveriam ser sacrificados, nem mesmo para nos alimentar. Não sacrificamos humanos, para isso a violência parece menos justificável quando a vítima é um ser indefeso infelizmente.

Logo nosso querido amiguinho sumiu novamente. Deixou-nos sozinhos na cozinha. Terminei o meu café e voltei ao escritório. As coisas começaram a ficar preocupantes, pois a Boo decidiu que iria ficar ao meu lado, coisa que ela dificilmente faz, logo pensei que nosso amiguinho provavelmente vai aparecer no escritório, por isso a Boo está aqui.

Não deu outra, passados poucos minutos lá estava ele de volta com a mesma alegria como se nunca tivesse me visto. Os cães são assim né? Dessa vez, a Boo parece que não o viu e permaneceu deitada ao lado da minha cadeira. Logo mexi com a Boo e disse:

Amigo Fiel

– Você não vai brincar com o nosso amiguinho agora? Hein Boo! Vamos menina, brinque com o nosso amigo!

Ela permaneceu deitada sem ao menos dar alguma confiança para mim.

Desta vez a coisa foi diferente. Logo atrás do cãozinho veio um espírito amigo que conheço muito, e chegou sorrindo para mim.

– Olá Osmar.

– Olá Lucas. Que bom tê-lo aqui!

– Como tens passado?

– Bem, agora melhor com a sua presença.

– Obrigado – disse o mentor.

– Você gostou do Leleco?

– Quem é Leleco?

– O cãozinho que está aqui.

– Sim, ele é muito simpático. Gostei muito dele! Que nome bonito ele tem!

– Sim, eu também acho. Osmar, nós temos uma linda história para te contar, você quer escrever?

– Claro que sim, Lucas, com o maior prazer.

– Então vamos?

– Sim, vamos – disse-lhe feliz.

Imediatamente pedi a Boo para sair do meu escritório, tranquei a porta e entrei em transe para seguir com Lucas os caminhos desta linda e reveladora história.

Ele me mostrou muitas coisas que revelo nesta psicografia. Visitei colônias espirituais, cidades transitórias e muito mais. Combinamos que no dia seguinte ele começaria a me contar a história de Leleco e seu dono.

Emocionei-me várias vezes e percebi que amigo fiel é aquele que jamais nos abandona. Sejam bem vindos a linda história de Leleco, o Amigo Fiel.

Osmar Barbosa

A psicografia

Naquela manhã, Lucas me acorda às 4:40h, olhei para o relógio em minha cabeceira e perguntei a ele se ele havia olhado a hora.

– Lucas você já viu a hora?

– Sim.

– Você não acha que está muito cedo para escrevermos um livro?

– É a hora certa, Osmar.

– Mas ainda é madrugada.

– O melhor horário para esse tipo de comunicação é esse, Osmar.

– Por quê?

– A maioria dos encarnados está dormindo, assim a psicosfera do planeta está menos densa e a comunicação fica melhor.

– Como assim, Lucas?

– É a atmosfera psíquica, Osmar. Nessa hora, o campo

Amigo Fiel

de emanação eletromagnética está menos denso. Todos estão dormindo. As mentes estão em repouso. Assim para nós espíritos fica mais fácil a comunicação. O campo magnético que envolve os espíritos encarnados está menos denso, entende?

– Perfeitamente Lucas. Compreendi perfeitamente!

– Agora vamos escrever o livro?

– Sim, vamos lá!

Desdobrei-me e...

Chegamos a um hospital onde eu vi um menino deitado muito doente. Lucas se aproximou de mim e começou a me explicar o que estava acontecendo.

– Quem é esse menino, Lucas?

– Ele se chama Rafael.

– Ele está muito doente?

– Ele está doente sim, mas está sendo cuidado por bons médicos tanto no plano material quanto no plano espiritual.

– Ele é protegido por você?

– Não, por mim não, mas é assistido de nossa Colônia e ele espia nesta vida resgatando faltas graves que cometeu nas vidas anteriores.

– O que ele fez para estar aqui tão doente assim?

– Muitas das doenças que se expressam no plano material são reflexos da encarnação passada. As doenças psicológicas principalmente.

– Como assim, Lucas?

– Somos espíritos em evolução. Dependendo do tipo de morte que você teve na vida anterior, e dependendo da programação reencarnatória a qual você entaleceu, resquícios do último desencarne se expressam na vida atual.

– Perdoe-me, mas você pode me explicar melhor?

– Sim, vamos lá.

Estávamos ali, eu e o Lucas de pé dentro de um quarto de hospital, enfermeiros passavam ao nosso lado e nem percebiam a nossa presença. Quando estou desdobrado parece que estou vivo em outro lugar, é impressionante como tudo acontece.

Lucas então prossegue me explicando.

– Quando o espírito programa sua encarnação ele tem a liberdade de programar uma, duas ou até quantas encarnações ele achar necessárias para seu equilíbrio evolutivo. Exemplo: você pode se programar para encarnar três vezes seguidas na mesma família, assim, quando você desencarna, automaticamente já há alguém ficando grávida para lhe dar a oportunidade de uma nova encarnação.

– Quer dizer que nesses casos eu não vou para uma Colônia me refazer?

Amigo Fiel

— Exatamente! Você programou reencarnar rapidamente no mesmo grupo familiar para resgatar mais rapidamente seus débitos com aqueles espíritos que estão experimentando ao seu lado.

— Isso é possível?

— Tudo é possível para Ele que muito nos ama.

— Entendi, amor né Lucas?

— Sim, amor.

— Quer dizer que a doença que Rafael apresenta agora é reflexo de seu desencarne na vida anterior?

— Sim, é uma doença que ele trouxe da vida anterior, mas estamos aqui para assisti-lo e auxiliá-lo a passar por esse momento.

— Vocês podem fazer isso?

— Sim, podemos!

— E por que você faz isso?

— O Rafael está ligado a nós, como lhe disse antes.

— Da colônia, é isso?

— Sim!

— Quer dizer que se eu evoluir eu posso trabalhar como mentor espiritual de alguém?

— É assim que funciona. Os que vão na frente auxiliam os que vêm atrás. Sem auxílio não evoluímos.

– Nossa que coisa boa de saber. Quer dizer que você é o mentor do Rafael?

– Não propriamente do Rafael.

– Como assim?

– Eu fui escolhido, e escolhi você, para contarmos um pouco sobre o que acontece com os animais após a vida física. Já está na hora das pessoas do espiritismo saberem um pouco mais sobre a vida dos animais nos planos espirituais.

– Sinto-me lisonjeado por ter sido escolhido por vocês. Mas perdoe-me, a história não é do Rafael?

– A história é do Leleco e seu dono, o Rafael. Logo outros médiuns também começarão a escrever sobre esse tema. Você só é mais um Osmar.

– Perdoe-me as perguntas, mas estou realmente muito curioso para saber o que acontece com os animais após a morte.

– Humildade é tudo por aqui meu amigo!

– Perdoe-me Lucas. Você acha que não estou sendo humilde?

– Você pede muito perdão aos espíritos, Osmar.

– É meu jeito de ser, Lucas.

– Pare com isso. Você foi escolhido e está capacitado para o trabalho que temos que desenvolver juntos. Escreva!

Amigo Fiel

– Agradeço muito essa oportunidade meu amigo.

– Isso, passe a usar o agradecimento, isso vai ser muito útil a todos nós.

– Obrigado pela dica, Lucas.

– Agora vamos observar o que está acontecendo no plano material, na vida do Rafael.

– Vamos – disse-lhe.

Permanecemos ali de pé observando tudo.

A vida é aquilo que desejamos diariamente.

Osmar Barbosa

Outono

Isadora chega cedo ao hospital para passar visita aos seus pacientes. Rafael está internado há dois dias.

– Bom dia, Letícia!

– Bom dia, Dra. Isadora – Isadora é a médica pediatra que está cuidando do Rafael.

– Você já tem o resultado dos exames do Rafael?

– Sim mãe, e por incrível que pareça os exames não acusam nada. Estamos investigando. Dr. Roberto que é o neuropediatra aqui do Hospital vai chegar daqui a pouco e juntos vamos realizar outros exames para aprofundar nossa pesquisa, mas fique tranquila que até agora seu menino não tem nada, apenas a febre que já controlamos, e logo acharemos o motivo dela.

– Mas e essa febre que não passa doutora?

– É exatamente isso que vamos investigar, tenha paciência, estamos fazendo o melhor. Eu já olhei a ficha dele e a febre não deu trégua a noite toda. Embora o quadro de infecção não tenha se manifestado acreditamos que algo está provocando essa febre e vamos achar o motivo. Por isso estamos investigando. Mas ela está controlada.

– Creio nisso Isadora. Você não vai trocar a medicação?

– Ainda não, vamos esperar os outros médicos opinarem.

– Como assim outros médicos?

– Pela nossa experiência temos que aprofundar os exames para darmos um diagnóstico preciso. Ele está seguro aqui. Já falei com a Maria e ela está acompanhando bem de perto a febre do Rafael.

– Está bem, doutora!

– Você não quer ir em casa? Aproveite que ele está dormindo e vá até sua casa tomar um bom banho e se refazer.

– Estou esperando o Marcos chegar, ele vai me substituir.

– Está bem, estarei na sala dos médicos, qualquer coisa peça a Maria para me chamar, por favor.

– Ela é um doce de enfermeira, Isadora. Aliás vocês são maravilhosas. Perdoe-me meu desespero, você sabe como é né?

– Eu compreendo, Letícia, e obrigado pelo carinho, mas nosso objetivo é resolver logo esse probleminha de saúde do Rafael.

– Desde de que nasceu que ele é assim, doutora.

– É, você já me contou. E é por isso que temos que investigar – diz Isadora se recostando aos pés da cama em que Rafael está deitado.

– Sim, o Rafael sempre foi debilitado. Desde pequeno que vivo nos hospitais com ele.

– Você já levou ele em outros médicos?

– Em outros não, em centenas.

– E nunca descobriram o que ele tem?

– Nunca, é sempre a mesma coisa, vamos pesquisar e as pesquisas não apresentam nenhuma doença. Desculpe-me, Isadora, mas essa é a minha realidade. Desculpe novamente a minha franqueza, mas é isso que vivo com o Rafael.

– Não querida, você não tem que se desculpar, por isso chamei o Roberto, vamos pesquisar mais profundamente. Se tudo der certo vamos fechar o diagnóstico do seu filho muito em breve. Eu até tenho uma suspeita.

– Agradeço sua atenção, doutora. Agradeço de coração, e espero que sua suspeita se confirme, eu já não aguento mais. Não vou nem lhe perguntar qual é a sua suspeita para não me decepcionar caso não se confirme.

– Não precisa agradecer, esse é o meu trabalho, aliás o nosso trabalho.

Amigo Fiel

– Obrigado então.

– Estarei na minha sala, assim que os outros médicos chegarem vamos levar o Rafael para fazer umas imagens por ressonância magnética na esperança de acharmos o problema.

– Obrigado doutora.

Marcos bate suavemente na porta do quarto particular do hospital.

– Alguém chegou! – disse Isadora, levantando-se.

Lentamente a porta se abre e Marcos entra no quarto.

– Bom dia amor – disse ele se aproximando de Letícia e lhe beijando a face.

Marcos fica por alguns segundos em silêncio olhando fixamente para seu filho que dorme profundamente.

– Marcos, olha a doutora aí!

– Desculpe-me, doutora, é que quase não dormi esta noite preocupado com meu filho.

– Eu compreendo, Sr. Marcos.

O silêncio toma conta do lugar por alguns segundos, todos olham para o menino Rafael.

– Amor como você está?

– Cansada, muito cansada, ele teve febre a noite toda.

– Meu Deus – diz Marcos.

– Fiquem a vontade. Vou até a minha sala e depois nós nos reuniremos, se Deus quiser, com um diagnóstico definido.

– Obrigado Isadora – diz Letícia.

– Obrigado Doutora – diz Marcos se sentando ao lado de Letícia.

Isadora sai da sala deixando Marcos, Letícia e Rafael sozinhos.

– E aí amor o que ela disse?

– Eles ainda não sabem o que o Rafael tem, para variar é mais uma equipe médica que está perdida sem saber o que está de errado com o nosso filho, embora ela tenha me dito que tem uma suspeita.

– Sério Letícia?

– Sério. Ela acabou de me dizer que está esperando um neuropediatra chegar para levarem Rafael para fazer uma ressonância para tentarem fechar o diagnóstico, mas que até agora eles não sabem por que essa febre existe e como acabar com ela.

– Eles estão certos querida, não podem sair por aí dando qualquer diagnóstico, tem que examinar mesmo.

– Eu sei, Marcos, mas o Rafael sofre desde o dia em que nasceu e nós sofremos junto. Minha vida parou depois do nascimento desse menino, você sabe disso.

Amigo Fiel

– Eu sei querida, mas vamos acreditar que agora os médicos conseguiram descobrir o que ele tem e poderemos levar uma vida normal.

– Não tem uma semana na minha vida em que o Rafael não apresente algum problema. Ele já fez oito anos e desde o dia em que nasceu que é assim.

– Tenha calma querida, tenha calma, vai dar tudo certo dessa vez.

– Deus te ouça, Marcos, Deus te ouça, confesso que já estou no meu limite.

– Meu amor, tenha calma.

– Como ter calma, Marcos, sempre sonhei com a minha profissão, batalhei horrores para chegar onde cheguei, agora vejo os meus clientes indo embora sem nada poder fazer, meu escritório está entregue às moscas, já não tenho nenhum projeto. Meu amor, arquiteto sem projetos é o mesmo que um prato bonito sem comida. Os que tenho estão atrasados, não sei o que fazer.

– Sei o que temos enfrentado desde a chegada do Rafael, mas vamos dar um voto de confiança a Dra. Isadora. Você não é muito de igreja assim como eu, mas hoje antes de vir para cá eu passei naquela igrejinha lá perto de casa e orei a Deus pedindo por nossa família, especialmente pelo Rafael, e tenho fé que Deus ouviu o meu pedido e vai nos ajudar.

– Deus, que Deus o que, se Deus existisse não deixaria uma pobre criança como essa que você está vendo aí em cima desta cama sofrendo a quase três dias com uma febre que não passa.

– Às vezes eu penso igual a você querida, as vezes fico me perguntando por que as crianças sofrem tanto. Por que nosso filho não é uma criança como todas aquelas da escola dele. Crianças que nunca ficam doentes.

– É por isso que eu não acredito em Deus, Marcos.

– Letícia, vá para casa, tome um bom banho e volte mais tarde. Deixe-me aqui com o nosso filho.

– Você não vai trabalhar?

– Hoje não, conversei com o gerente e ele me liberou por três dias para cuidar de você e do Rafael. Eu só preciso pedir a doutora um atestado médico para isso.

– Até que enfim aquele gerente teve uma atitude humana.

– Não é ele amor, o banco é assim, são regras, o meu gerente só as faz seguir.

– Você só faz ganhar dinheiro para aquele banco, e eles não te dão valor. Você não se cansa de ser escravo não Marcos?

– Letícia, aqui e agora não é o momento certo para discutirmos isso. Meu emprego é o melhor emprego do mun-

Amigo Fiel

do. Milhares de pessoas sonham em trabalhar na bolsa de valores, milhares de jovens estão se formando tentando uma vaga em uma mesa de operações dos bancos ou corretoras. Sou funcionário de carreira e ganho muito bem, você sabe disso. Então não é hora de falarmos sobre isso, vá para casa, tome um bom banho, descanse um pouco e assim que os médicos tiverem algum resultado ou diagnóstico do Rafael eu te ligo e você vem para cá. Tome as chaves do meu carro, ele está no estacionamento do hospital, tome o ticket do estacionamento, vá para casa e descanse. A sua mãe está lá em casa, converse um pouco com ela e descanse.

– Minha mãe está fazendo o que lá em casa?

– Ela é sua mãe, pergunte a ela.

– Ela sabe que eu não gosto que ela fique lá em casa sem mim, ela mexe em tudo.

– Mães são assim, amor.

– Meu pai está lá também?

– Sim, ele está arrumando o jardim.

– Seu Armando não é mole né?

– Ele sempre que pode cuida do nosso jardim.

– Meu pai é um amor.

– O que seria de mim se não fosse o seu pai.

– Você gosta né, afinal você não precisa cuidar do jardim.

– Não é isso, e você sabe muito bem, seu pai é um sujeito fora do normal. Uma pessoa generosa e amiga.

– Verdade, então eu vou indo – diz Letícia se levantando do pequeno sofá de dois lugares e pegando sua bolsa.

Letícia caminha até a cama onde Rafael está dormindo e lhe beija a face várias vezes, e com as mãos ela acaricia o rosto do menino que dorme profundamente. Em seguida beija Marcos e sai lentamente do quarto evitando fazer barulho para não acordar o menino.

Marcos se aproxima do filho, beija-lhe a face e ajeita a coberta cobrindo todo o corpo do menino. Após um olhar carinhoso sobre o filho, Marcos se senta em uma pequena cadeira ao lado da cama e começa a ler um jornal que havia trazido consigo.

O dia é de sol, nuvens insistem em passear sobre o céu azul abafando o clima, o que faz com que seja um típico dia quente de outono.

Passado algum tempo, Maria entra no quarto lentamente após bater suavemente na porta.

– Bom dia senhor!

– Bom dia enfermeira!

– Vou levar seu filho para fazer um exame, posso?

Amigo Fiel

– Sim, claro. Quer ajuda?

– Não precisa, os maqueiros já estão vindo para pegá-lo.

– A senhora sabe qual é o exame que ele vai fazer?

– Nós vamos levá-lo para a sala da ressonância.

– Será que ele vai acordar para a ressonância?

– Temos que acordá-lo para o exame.

– Tomara que achem o motivo dessa febre.

– Eles vão achar – diz Maria confiante.

Neste instante, Rafael acorda e resmunga alguma coisa incompreensível.

– Olha, ele está acordando – diz Maria.

Imediatamente Marcos se levanta e se aproxima do menino.

– Oi amor.

– Oi pai – diz o menino esfregando os olhos.

– Você está bem?

– Sim, só sinto dor de cabeça.

– Ela vai passar filho, vai passar – diz Marcos acariciando a cabeça do menino.

Dois enfermeiros chegam trazendo uma maca.

– Podemos entrar Maria?

– Sim, venham rapazes – diz a enfermeira.

– Rafael, você vai ter que ir com a Maria para fazer um exame – diz Marcos carinhosamente.

– Agora, pai?

– Sim, eles vão te levar, mas fique tranquilo que o papai vai estar aqui te esperando.

– Vai doer, pai?

– Não – diz Maria se aproximando do menino – Fique tranquilo que não dói nada, na verdade vamos colocar você dentro de um túnel muito legal, e vamos te filmar para ver se descobrimos onde está dodói.

– Não tenha medo meu filho, vai dar tudo certo.

– Tá bom, pai.

– Você consegue se levantar? – pergunta Maria.

– Sim, só preciso que alguém segure o meu soro.

– Eu seguro – diz Marcos.

Assim, o enfermeiro de nome Fernando pega Rafael no colo e o deita na maca que o transportará para o exame.

– Pai, você não vem comigo?

– Eu posso ir, enfermeira?

– Sim, vamos até a porta da sala de exames, lá eu falo com a doutora e se ela autorizar o senhor poderá ficar por perto.

Amigo Fiel

– Vem pai, vem comigo!

– Eu vou filho, pode deixar que o papai vai estar com você.

Rafael é levado para a sala de exame. Marcos fica na sala ao lado e acompanha a equipe médica que examina as imagens do menino.

Por mais de quarenta minutos eles ficam conversando e analisando as imagens. O menino é levado novamente para o seu quarto junto com Marcos e ambos ficam aguardando o parecer médico.

O telefone de Marcos toca.

– Alô.

– Marcos.

– Sim.

– Sou eu, Isaura.

– Oi dona Isaura, como estão as coisas aí?

– Tudo bem, a Letícia está dormindo, eu fiz um sanduíche para ela e ela está dormindo desde a hora que chegou.

– E o senhor Armando?

– Está lá no quintal. Como está o Rafinha?

– Ele está melhor, acabou de fazer uma ressonância, estamos esperando o resultado deste exame.

– A Letícia me pediu para ligar para saber sobre esse exame. Ela me pediu para falar com você que assim que os médicos tiverem o resultado para eu acordar ela, que ela quer ir para o hospital é para acompanhar bem de perto tudo por aí.

– Então a senhora já pode acordá-la, a enfermeira já esteve aqui e me disse que daqui a pouco os médicos querem uma reunião conosco para falar sobre o exame.

– Ah, então está bem meu filho, eu vou acordar ela e mandar ela ir para o hospital.

– Faça isso, dona Isaura.

– Dá um beijo no meu netinho para mim.

– Pode deixar. Rafael, a sua avó está lhe mandando um beijão – diz Marcos para o Rafael.

– Dá outro para ela, pai.

– Ele está te mandando outro, dona Isaura.

– Estou orando a Deus meu filho, logo o Rafael vai estar em casa.

– Se Deus quiser dona Isaura, se Deus quiser.

– Vou acordar a Letícia. Até mais tarde meu filho.

– Até logo, dona Isaura.

– O que a vovó queria, papai?

– Saber de você.

– Estou me sentindo melhor.

Amigo Fiel

– É filhão, a febre passou, vamos esperar para ver se ela não volta.

– Vai voltar não, pai.

– Se Deus quiser, filho.

Letícia é acordada por Isaura, e após um banho se dirige ao hospital rapidamente. Já são cinco horas da tarde.

Marcos e Letícia se dirigem a sala dos médicos após serem convidados pela enfermeira Maria.

Ao chegarem à sala dos médicos, Marcos e Letícia são convidados a entrar.

– Boa tarde senhores! – diz Isadora.

– Boa tarde doutora.

– Sentem-se Marcos e Letícia – diz Isadora. Ao seu lado estão o Dr. Roberto e Dra. Stela.

Nervosos, Marcos e Letícia se sentam apressadamente.

– Bom, Marcos e Letícia, realizados alguns exames no Rafael e infelizmente não temos um diagnóstico fechado ainda, na ressonância nada foi visto.

– Meu Deus – diz Letícia.

O médico prossegue:

– A febre é um fenômeno de defesa do organismo, quando sofre qualquer tipo de agressão. Tem como função, através do aumento da temperatura, melhorar o tempo de resposta das células do organismo, no sentido de destruir os invasores, geralmente vírus e bactérias. Ter febre é um sinal de que algo fora do normal está acontecendo em seu corpo e isto pode ocorrer em qualquer indivíduo, adulto ou criança. Já estamos no terceiro dia e só agora a tarde a febre do Rafael sumiu. Os medicamentos que aplicamos foram medicamentos visando proteção e não o combate. Daí é que eu convidei a Stela para essa reunião, ela é psicóloga infantil e tem algo a dizer sobre o Rafael – diz o neuropediatra Roberto.

– Boa tarde, meu nome é Stela, sou psicóloga infantil e gostaria de conversar e explicar algumas coisas para vocês.

– O prazer é nosso doutora – disse Marcos.

– Posso lhes fazer algumas perguntas? – dia Stela se dirigindo a Letícia.

– Sim doutora, claro que sim – diz a mãe.

– Há quanto tempo o Rafael apresenta esses sintomas?

– Desde do dia em que nasceu, praticamente – diz Letícia.

– E alguma vez o médico que o atendeu fechou um diagnóstico?

– Nunca doutora, é sempre assim, levamos ele ao médico e eles passam medicamentos para abaixar a febre, após alguns

Amigo Fiel

dias o Rafael reage como se nada tivesse acontecido. A febre some e a vida volta ao normal, mas sempre por pouco tempo.

– Qual é o ciclo que isso acontece?

– Normalmente em cada dois a três meses, doutora.

– Hum, deixe-me me lhes explicar uma coisa: se levarmos em consideração que para se ter febre é necessário estar com algum agente agressor no organismo, então a febre é emocional, e é sobre isso que quero falar, é algo que parece irreal, mas o tema é bastante polêmico entre os pediatras e médicos. A grande maioria afirma não existir, e o pequeno percentual que "acredita" nomeia como febre de origem indeterminada. Vamos entender melhor o que seria a febre emocional e chegarmos a nossas conclusões sobre ser mito ou verdade. Eu particularmente acredito na febre emocional – diz a médica.

– Eu também – afirma Isadora.

– E eu também – diz Roberto.

Marcos e Letícia ficam assustados.

Stela prossegue:

– A febre emocional pode acontecer quando a criança passa por um determinado estresse fora do comum em sua rotina, exemplos: separação dos pais, viagem de um dos parentes próximos, mudança na escola, chegada de um novo irmão ou até mesmo uma apresentação na escola ou proximidade com sua festa de aniversário. Esse estresse acaba deixando a criança tensa e o corpo trata de reagir como doença, e envia a febre para combatê-la. É mais normal acontecer até os 36 meses, que é a fase de descoberta da criança, onde ela passa a ficar mais atenta nas coisas que a rodeia e perceber tudo o que está em sua volta.

– Meu Deus – diz Marcos.

A médica continua:

– Assim chegamos à conclusão de que a febre emocional é consequência de estresse infantil, por isso é tão importante que os pais e cuidadores estejam sempre acompanhando de perto as crianças e valorizando os sentimentos dos pequenos. Ao contrário do que muita gente pensa, criança também passa por crises emocionais e muitas vezes pode até ser uma coisa pequena, como querer um brinquedo e não tê-lo. Se para nós adultos, conviver e resolver uma crise emocional não é fácil, quanto mais para os pequenos, aí entra o apoio familiar ensinando a criança a compartilhar seus medos, frustrações e inseguranças. Infelizmente, muitos pais não aceitam que as crianças pequenas possam ter seus desgostos e super valorizam os sentimentos de alegria, mas ignoram os sentimentos de tristeza, tratando como uma bobagem passageira.

Stela faz uma pequena pausa e logo prossegue explicando a Letícia e ao Marcos a provável suspeita.

Amigo Fiel

– Como pais precisamos apoiar nossos filhos e entendermos todos os seus sentimentos e suas emoções, fazendo isso evitamos possíveis estresses infantis e possíveis febres emocionais. Acredito que o Rafael sofra ou sofreu algum estresse que ele libera através da febre, é neste estado que ele consegue a atenção total de vocês. Para fechar um diagnóstico mais preciso eu tenho de saber um pouco mais sobre a vida de vocês, sobre o dia a dia do Rafael, sua escola, seus familiares, seus amigos, enfim todo o seu mundo.

– Você também acha que é esse o problema do Rafael, Isadora? – pergunta Letícia.

– Letícia, eu tenho certeza que é esse o problema do seu filho, pois saibam vocês que nós não demos nenhum medicamento para combater a febre, simplesmente acompanhamos ela bem de perto. O remédio que ministramos nele foi apenas um tranquilizante sem nenhuma expressão. Após conversar com Stela decidimos fazer assim e acompanhar tudo como o fizemos.

– E naqueles copinhos com líquido que a Maria dizia ser remédio o que tinha?

– Água, simplesmente água.

– Como assim?

– Desde que o Rafael chegou, eu desconfiei de febre emocional, conversei com Stela e ela me sugeriu medicá-lo com água, com um pouquinho de açúcar. E acompanhar bem de perto a sua reação. O soro foi introduzido para mantê-lo hidratado já que ele se negava a comer.

– Meu Deus – disse Marcos assustado.

– Fizemos isso com muita segurança, senhor Marcos. Tínhamos uma medicação pronta para qualquer emergência. A Maria estava orientada a agir se fosse necessário. Sei que não é muito ético o que fizemos sem avisá-los do procedimento, mas não conhecíamos vocês, existem muitos motivos para o médicos agirem que não precisam serem respondidos imediatamente. Desde que o Rafael chegou, eu estava desconfiada de febre emocional, e como eu já disse eu e a Stela acompanhamos seu filho bem de perto, tenham certeza disso. Desconfiamos de algum problema neurológico, daí a presença do Roberto, que após vários exames constatou exatamente o que prevíamos, ou seja, nada. Ele agora está sem febre, vamos esperar até amanhã, acreditamos que a crise já passou. Assim que ele tiver alta eu sugiro que vocês façam um tratamento com a Dra. Stela.

– Eu que estava desesperada sem compreender o que estava acontecendo com o meu filho, agora sinto-me aliviada, afinal podemos tratá-lo. E agradeço de coração sua dedicação com o meu filho, Isadora. Saber que não é nada grave me deixa extremamente feliz – diz Letícia.

– Agora o que precisamos é achar a causa – diz Stela.

Amigo Fiel

– Como faremos isso? – pergunta Marcos.

– Assim que ele receber alta eu vou marcar uma consulta em meu consultório para uma primeira análise do quadro emocional do Rafael.

– Obrigado doutora.

– De nada Letícia.

– Obrigado Doutor Roberto.

– Sem problemas Marcos. Leve seu menino para a Stela, tenho certeza que ela vai resolver o problema emocional do menino.

– Estranho porque nunca tivemos nenhum problema emocional em nossa casa ou em nossa família. Desde que o Rafael nasceu cobrimos ele com carinho, atenção e amor – diz Letícia.

– Às vezes criamos expectativas incompreensíveis, principalmente na infância. Pode ser esse o caso do Rafael, mas vamos conversar e certamente localizaremos o problema e encontraremos a solução.

– Obrigado Stela.

– De nada queridos.

Todos se cumprimentam e deixam a sala. Embora preocupada, Letícia se sente mais confiante e aliviada, ela acredita que o problema do Rafael será solucionado. Seu coração palpita de alegria.

Marcos sente uma felicidade inexplicável. Agradece a Deus pelos médicos que estão cuidando do seu amado filho. E lembra da oração que fez na igreja.

Após mais uma noite sem febre, Rafael recebe alta e volta a sua rotina sem febre, alegre e feliz.

"Deus habita o coração de todos os seus filhos, basta acreditar!"

Osmar Barbosa

Passados alguns dias, Lucas me convida para irmos até a casa de Rafael.

– Osmar, vamos a casa de Rafael, agora você poderá ver como agimos nos reencontros.

– Claro que sim, Lucas, vamos logo! – disse-lhe afoito.

Chegamos a uma confortável casa dentro de um condomínio. Extensos jardins emolduram o lugar. Parecia uma paisagem de cinema. A casa confortável é rodeada de jardins com flores coloridas. É uma casa linear. Linda, fresca e confortável. Pintada de azul claro com detalhes em branco. As cortinas brancas das janelas revoavam dançando com a pequena brisa daquela manhã.

– Que casa linda, Lucas!

– Sim, o Marcos é bem sucedido financeiramente, ele trabalha em um banco e é bem remunerado. Letícia é arquiteta e também tem uma vida financeira confortável.

– Que bom isso!

– Hoje nós vamos promover o encontro de Rafael com seu cãozinho. Rafael e o cão que ele chamará carinhosamente de Leleco já estiveram juntos por muitas encarnações, são companheiros inseparáveis.

– Quer dizer que a minha cadela Boo pode me acompanhar pelo resto da vida?

Amigo Fiel

– Não pelo resto da vida não, um dia ela terá que seguir seu caminho evolutivo experimentando em outra forma.

– Como assim?

– Os animais estão em evolução, assim como nós. Todos nós espíritos que estamos experimentando a forma humana já vivemos a experiência mineral, vegetal, animal e humana. Assim, os animais após um período espiando como animais irão experimentar na forma humana.

– Compreendi! Mas quanto tempo demora isso?

– Mais a frente nós vamos falar um pouco mais sobre isso Osmar, eu vou te levar para conhecer uma das Colônias que cuidam dos animais e você verá como tudo funciona.

– Eu agradeço essa oportunidade, Lucas.

– Só observe e escreva agora como agimos para os reencontros.

– Vamos lá – disse-lhe animado.

"Há marcas que nos seguem por todas as vidas."

Osmar Barbosa

"Ninguém está sozinho, não existem acasos nos desígnios de Deus."

Osmar Barbosa

O amigo Fiel

Marcos e Letícia estão sentados à mesa do café da manhã arrumados para mais um dia de trabalho. Rafael chega uniformizado, pronto para ir à escola.

Rafael é um menino muito bonito, tem cabelos loiros, olhos azuis e pele branca. Ele é bem parecido com o seu avô paterno.

– Pai, hoje vamos ao consultório da Stela?

– Sim, a sua mãe vai te levar após a escola. Mas antes como se diz?

– Bom dia papai, bom dia mamãe.

– Bom dia filho. Você está bem?

– Sim mamãe.

– Fez a lição de casa?

– Sim.

– Então tome logo o seu café para não nos atrasarmos para a escola.

– Mãe, a senhora vai me levar na Stela hoje?

– Sim, após a aula vamos ao consultório da doutora Stela.

Amigo Fiel

– Eu gosto muito dela, sabe pai.

– É filho?

– Sim, ela é muito legal.

– Que bom meu filho, seu pai fica muito feliz.

– Mãe, a Stela me falou que eu preciso de um amigo verdadeiro, e na escola os meus amigos não são amigos verdadeiros.

– Como assim, Rafael?

– Ah pai, os meninos são chatos. Eles não brincam comigo. A única pessoa que brinca comigo na escola é a Luciana.

– E qual é o problema, Rafa?

– Eu gostaria de ter amigos mamãe.

– Mas os coleguinhas da escola são seus amigos, no final do mês nós iremos ao aniversário do Lucas, a mãe dele me mandou o convite. Você não acha que o Lucas é seu amigo?

– Não, mãe. Ele não é meu amigo. E eu não quero ir ao aniversário dele.

– Por que filho?

– Não quero ir não, pai.

– E o que é que você quer então?

– Ah, sei lá pai.

– Vamos deixar essa conversa para mais tarde, agora vamos para a escola que já estamos atrasados.

– Tome logo o seu leite, Rafael – diz Letícia.

Rapidamente Rafael se levanta da mesa e está pronto para ir à escola.

Marcos e Letícia se entreolham, preocupados com as palavras do menino.

Após deixarem o Rafael na escola, Marcos dirige seu carro em direção ao escritório de Letícia.

– Amor, você não acha que o Rafael está se sentindo sozinho?

– Por que essa pergunta?

– Esse papo de não ter amigos me deixou preocupada.

– Letícia, o Rafael ainda é uma criança.

– Mas ele foi bem maduro na colocação dele com relação a amizades. Isso me preocupa, pois meninos dessa idade são cheios de coleguinhas.

– Ele não disse que não tem coleguinhas, ele disse que não tem amigos.

– E você acha que o Rafael sabe distinguir isso?

– Acho.

Amigo Fiel

– Marcos, o Rafael é só um menino de oito anos.

– As crianças de hoje são muito diferentes do meu tempo, Letícia.

– Mas ele não tem maturidade o suficiente para entender o que é um amigo e o que é um coleguinha.

– Não sei se você está certa não, mas converse com a Stela sobre isso.

– Vou falar com ela sobre essa conversa que tivemos hoje.

– Faz isso, amor.

– Chegamos – diz Marcos parando o carro próximo à calçada do prédio onde Letícia tem seu escritório de arquitetura.

Após se beijarem, Marcos segue para o banco onde trabalha enquanto Letícia sobe para o terceiro andar onde fica a sua sala.

– Bom dia Rose!

– Bom dia Letícia.

– Rose como está a minha agenda hoje?

– A senhora tem visita a obra da Janaína, almoço com o Dr. Jarbas e às 14h consulta com a Dra. Stela, para o Rafinha.

– O pessoal da gráfica entregou as plantas do prédio da XV de novembro?

– Sim, já está sobre a sua mesa.

– Está bem querida, por favor me prepare um café que vou analisar esse projeto antes de sair.

– Está bem Letícia.

O dia parece que vai transcorrer normalmente, até que...

Rose bate à porta da sala de Letícia apressadamente.

– Entre Rose.

– Desculpe dona Letícia, mas ligaram da escola e pediram para a senhora ir lá imediatamente.

– Meu Deus, o que houve?

– A menina que me ligou pediu para avisar a senhora que o Rafael está com febre e eles não vão administrar nenhum medicamento sem a sua autorização. O médico da escola disse que já conhece a febre do Rafael e que é melhor a senhora ir até lá e pegar ele.

– Meu Deus, tudo novamente? Liga para a Stela por favor.

– Sim senhora – diz Rose deixando a sala.

Após alguns minutos.

– Ela está na linha quatro doutora.

– Obrigado Rose.

Letícia pega o telefone para falar com Stela.

– Oi Stela.

– Oi Letícia, o que houve?

Amigo Fiel

– Ligaram para mim da escola e o Rafael está com febre novamente.

– Já se passaram dois meses e ele não tinha apresentado este quadro.

– Pois é, eu até estava ansiosa para chegar a hora da consulta, porque o Rafael veio com uma conversa esquisita hoje pela manhã.

– Que conversa?

– Ele ficou reclamando comigo e com o Marcos dizendo que não tem amigos.

– E o que vocês fizeram?

– Aconselhamos ele. Mas ele insiste em dizer que não tem amigos e sim colegas. Não sei se ele sabe a diferença entre amigo e colega, parece que sabe.

– Ele é muito novo para saber isso.

– Pois é Stela. O que eu faço?

– Vá até a escola, pegue ele e vem para cá.

– Você vai nos atender agora?

– Sim, vou remanejar um paciente e atendo vocês primeiro.

– Está bem, vou até a escola, pego ele e vou direto para o seu consultório. Devo dar algum analgésico a ele?

– Não dê nada.

– Está bem, vou ligar para o Marcos e pedir para ele me ajudar.

– Faça isso. É importante para o Rafael que o pai participe de tudo.

– Está bem, obrigado Stela.

– Não agradeça, pegue ele e venha para cá.

– Está bem querida, já estou indo.

Após desligar o telefone, Letícia liga para Marcos, que deixa o trabalho e segue para o escritório de Letícia.

– Dona Letícia, o senhor Marcos está lá embaixo lhe esperando – diz Rose.

– Já estou descendo Rose. Arrume tudo e cancele minha agenda. Diga que meu filho não está bem e que eu fui com ele ao médico.

– Pode deixar, dona Letícia.

Rapidamente ela deixa o prédio e se encontra com Marcos no carro da família.

– Oi amor.

– Oi querida, fique calma.

– Estou tentando, Marcos!

– Ele vai reagir e não vai ser tão complicado como das outras vezes, confie.

Amigo Fiel

– Estou tentando, Marcos.

– Já se passaram dois meses e o Rafael está bem. Depois que passamos a tratá-lo com a Stela, ele não teve mais nenhum problema. Muito estranho ele estar assim.

– Ela está nos esperando. E a rotina da febre parece que está vencendo todos nós.

– Então vamos pegar o Rafael e ir para o consultório dela? Com fé tudo se resolverá.

– Sim, acelera ai amor.

Após alguns minutos Marcos e Letícia chegam à escola e pegam o menino.

– Oi filho.

– Oi pai.

– Você está bem?

– Estou com febre, pai.

– Nós vamos te levar para a Stela te ver.

– Mas ela não é a minha médica. Eu tenho que ir para o hospital para a doutora Isadora.

– Mas ela quer te ver antes de levarmos você para a Isadora.

– Tá bem, pai.

– Deita aqui filho – diz Letícia colocando Rafael em seu colo no banco de trás do carro.

Rapidamente todos chegam à clínica onde Stela atende.

– Boa tarde, vim para a consulta com a Stela.

– Ela já está lhe aguardando – diz o recepcionista do lugar.

Após entrarem no extenso corredor que dá acesso às salas de atendimento, Marcos, Letícia e Rafael são recebidos por Stela.

– Oi Rafael.

– Oi tia Stela.

– Oi gente!

– Oi – dizem Letícia e Marcos desanimados.

– Sente-se aqui Rafael, que vou lhe dar um remédio para a sua febre – diz Stela sentando Rafael em uma maca.

Após caminhar até um pequeno armário e pegar um comprimido, Stela pega um copo com água em uma pequena jarra que há sobre um gaveteiro branco.

– Você quer se deitar Rafael?

– Sim – diz o menino indo em direção a maca.

– Então se deite. Mas antes tome esse comprimido para passar a sua febre.

Rafael pega o copo com água das mãos de Stela e bebe o comprimido.

– Que bom ele já é um rapazinho não é, papai e mamãe?

Amigo Fiel

Ele já consegue tomar seu remédio sozinho.

– É – diz Letícia.

– Vocês se importam de me deixarem a sós com o Rafael para podermos conversar um pouco?

– Claro que não, Stela.

Marcos e Letícia deixam a sala.

Após uma hora, Stela pede que Marcos e Letícia voltem a sala de atendimento. Rafael está dormindo.

– Entrem, não façam barulho, por favor.

Letícia e Marcos entram lentamente na sala e se sentam.

– Como ele está? – pergunta Letícia.

– Sem febre – diz Stela.

– O remédio que você deu fez efeito?

– Como da última vez, eu não dei remédio a ele.

– Mas eu vi ele tomar um remédio – diz Marcos.

– É um comprimido de açúcar.

– Meu Deus!

– Pois é – diz Stela.

– Stela, hoje pela manhã ele estava reclamando conosco que não tem amigos. Tentei argumentar com ele que ele tem sim vários amigos na escola, inclusive ele foi convidado para a festinha de um amiguinho da escola, de nome Lucas. Ele simplesmente reclamou que não tem amigos na escola, disse que só uma menina é amiga dele. Eu sinceramente fico sem argumentos com o Rafael. Ele é diferente, ele é muito inteligente, não sei o que fazer! Será que devo trocar ele de escola?

– Letícia, seu filho desenvolve um tipo de fobia que precisamos tratar. Sugiro que vocês deem a ele um cachorro. Eu acho que um animal de estimação vai liberar nele sentimentos ocultos, sentimentos que ele não consegue expressar através das relações comuns. Trocar ele de escola neste momento pode piorar a situação.

– Um cachorro?

– Sim senhor Marcos, um cachorro. Animais são excelentes terapeutas.

– Por mim tudo bem, não sei se Letícia vai aprovar isso.

– Você acha que isso vai resolver o problema dele, Stela?

– Precisamos testar – diz Stela.

– Se for para o bem do meu filho, não tenha dúvidas que eu faço qualquer coisa.

– Aqui perto há um pet shop onde eles vendem cachorrinhos lindos. Comprem um e deixem que o Rafael escolha o nome dele. Dê ao Rafael as responsabilidades sobre o cãozinho. Ele tem que se sentir dono do animal. Vocês podem fazer isso?

Amigo Fiel

– Claro que sim, Stela.

– Então peguem o Rafael e levem-no até a loja e deixem que ele escolha seu novo amiguinho.

– Stela, eu não tenho palavras para te agradecer tudo o que você faz pelo meu filho.

– Tenho um carinho muito especial pelo Rafael. Comprem o cão e me digam se a febre vai voltar. Não deixem de me manter informada, qualquer coisa me liguem, não importa a hora, liguem.

– Pode deixar – diz Letícia.

– Agora Marcos, pegue o Rafael no colo, tente não acordá-lo e vá com ele até a loja.

Assim, Marcos pega seu filho no colo e o coloca no colo de Letícia no banco de trás do automóvel e se dirigem até o pet shop mais próximo.

Após algum tempo...

– Estacione ali, amor.

– Sim, que sorte há uma vaga em frente à loja.

– Acorde o Rafael.

– Você acha que devo?

– Sim, acorde-o e dê a notícia a ele.

Carinhosamente, Letícia acorda o menino, que não apresenta o quadro febril.

– Onde estamos, mamãe?

– Nós temos uma surpresa para você, filho – diz Marcos.

– Vamos comprar alguma coisa?

– Sim, vamos comprar um amiguinho para você.

– Pai, amigos não se compram – diz o menino.

– Aqui vamos encontrar um amiguinho que jamais vai se separar de você meu filho – diz Letícia saindo do carro.

– Venha Rafael – diz Marcos abrindo a porta do carro.

Rapidamente o menino desce do carro e entra correndo na loja, alguns cães estão expostos na vitrine. Rafael fica paralisado e encantado com os animais.

Marcos se aproxima do filho e se abaixa para conversar com ele.

– Qual você quer que o papai compre para você, filho?

– Você vai comprar um cachorro para mim, pai?

– Sim meu filho. É só você escolher qual desses você quer.

Quatro gaiolas alojam alguns filhotes de raças diferentes. Rafael olha para cada animal como se buscasse sua metade dentro daquela sofrida gaiola.

– Pai, por que eles estão presos?

– Eles não estão presos meu filho, eles estão aqui esperando por alguém que os levem para casa. Estão esperando seus donos.

Amigo Fiel

– Mas eles estão sofrendo aqui, papai.

– Não Rafael, provavelmente o dono da loja, assim que termina o expediente, leva eles e os solta em um lugar maior, mais confortável.

– Ele faz isso, pai?

– Eu acho que sim, filho. Quer dizer tenho certeza que sim!

– Venha Rafael, vamos entrar na loja – diz Letícia pegando o filho pela mão direita.

Rafael, Marcos e Letícia entram na loja.

– Bom dia senhora!

– Bom dia – diz Letícia.

– A senhora quer comprar algum filhote?

– Sim, temos a intenção de comprar um cachorrinho para o nosso filho.

– É só escolher, todos estão vacinados e vermifugados.

– Qual é a raça daquele ali? – diz Marcos apontando para um pequeno animal.

– Shih Tzu, senhor.

– Não gostei desse, papai – diz Rafael se intrometendo.

Uma menina de uns doze anos entra na loja carregando no colo uma filhote de nome Lila. Rafael se desespera ao ver o animal no colo da menina.

– E qual você gostou, filho?

– Daquele que está no colo da menina – diz Rafael

A menina se aproxima ainda mais de todos.

– Boa tarde!

– Boa tarde Laís, o que você deseja?

– Quero comprar ração para a minha cachorrinha.

– Linda a sua cachorrinha, qual é o nome dela? – diz Marcos curioso.

– Lila, moço, o nome dela é Lila.

– Posso tocar nela? – pergunta Rafael.

– Claro – diz Laís que oferece a filhote ao Rafael, que imediatamente a pega no colo e começa a acariciá-la.

Marcos e Letícia ficam felizes em ver a alegria de Rafael.

– Onde você comprou essa cadela, menina? – pergunta Letícia.

– Não comprei, a minha vizinha me deu ela de presente.

– E onde você mora?

– Na rua aqui ao lado.

– Será que a sua vizinha tem mais algum filhote como esse para vender?

– Eu acho que sim, a cachorra dela teve um porção de fi-

Amigo Fiel

lhotes. Daí ela ofereceu a Lila para a minha mãe e a minha mãe pegou ela para mim.

– Você se importa de nos mostrar onde é a casa da sua vizinha?

– Claro que não, nós podemos ir até lá e eu falo com ela.

– Pai, vamos até lá, eu quero um cachorrinho igual a esse.

– O senhor não se importa se formos até lá, não é senhor? – diz Marcos para o atendente da loja.

– Claro que não, eu até conheço a dona desses cachorrinhos.

– O senhor pode nos indicar?

– É na rua aqui ao lado, vá com a Laís até a casa da dona Mercês. A cachorrinha dela teve vários filhotes, mas vale salientar que são vira-latas. Não se enganem.

– Pai, é esse que eu quero – diz Rafael entrando na conversa.

– Então vamos até lá – diz Marcos.

– Separe a ração que a Laís quer que eu faço questão de pagar – diz Letícia.

– Sim senhora – diz o atendente.

Após pegarem dois quilos de ração para a filhote, Marcos, Letícia, Laís e Rafael se dirigem a rua ao lado na esperança de haver ainda algum filhote para eles adotarem.

– Venham – diz Laís caminhando rapidamente em direção a casa de Mercês.

Marcos esbaforido segue atrás de todos.

– É aqui que ela mora – diz a menina pegando sua cadelinha do colo de Rafael.

– Toca a campainha mãe – diz Rafael.

Marcos chega e toca a campainha da casa.

– Dona Mercês – grita Laís.

– Estou indo Laís – responde Mercês.

– Ela está vindo – diz a menina.

Uma senhora de cabelos brancos abre a porta e se dirige até a família, que nervosa anseia pela notícia de que há ainda algum filhote para ser adotado.

– Bom dia senhora – diz Letícia.

– Bom dia! Em que posso ajudar?

– Nós estávamos no Pet Shop para comprar um cãozinho para o nosso filho quando a Laís entrou com essa linda filhote no colo e meu filho quer um cãozinho igual a esse. Por acaso a senhora ainda tem algum para vender?

– Não.

Todos ficam tristes.

A linda senhora prossegue.

Amigo Fiel

– Para vender eu não tenho, mas para doar para esse lindo menininho que vai tratá-lo como um amiguinho, eu tenho um.

Todos sorriem.

– Entrem, venham, eu tenho ainda um filhote para doar.

Rafael não consegue disfarçar a alegria. Letícia fica emocionada.

Todos entram na linda e modesta casa.

– Venham – diz Mercês – Eles estão na varanda de trás.

Laís e Rafael correm na frente.

– Rafael não corra, menino – diz Letícia.

– Deixem, eu adoro quando a Laís vem para cá – diz Mercês.

Caminhando, Letícia e Marcos finalmente chegam na varanda aos fundos da casa, onde o menino e Laís estão. A alegria invade o peito de Marcos quando vê seu filho agarrado a um filhote de cachorro.

O cãozinho é marrom e peludo, tem algumas manchas esbranquiçadas espalhadas pelo peito, ele é fofo, alegre e fica saltitando enquanto as crianças tentam pegá-lo para o primeiro abraço. Após muito insistirem, Rafael finalmente consegue pegar o cãozinho e o abraça carinhosamente como se fossem velhos amigos.

– Olha pai, esse é o Leleco, meu amigo.

– Como assim Leleco?

– Ele é meu cachorrinho pai – diz o menino feliz.

– Ele já até escolheu o nome do cãozinho – diz Mercês emocionada.

– Quanto é que a senhora quer pelo cão?

– Eu já lhes disse que não tenho cachorro para vender. O cãozinho que está no colo de seu filho que eu chamava de Espoleta, e que agora todos vamos chamar de Leleco, é do seu filho. Na verdade, eles é quem nos escolhem, e esse cachorrinho estava esperando o seu filho chegar, levem-no e tratem-no como um filho, é só isso que eu peço. Se algum dia vocês não o quiserem mais, tragam-no de volta que eu o receberei com muito amor.

– Ele nunca mais vai voltar para cá – diz Rafael.

– A senhora então aceita uma ajuda nossa, Dona Mercês? – diz Letícia.

– Minha filha, não preciso de ajuda. Como já lhe disse, eles nos escolhem e esse cão escolheu o seu filho. Olhe a alegria dele no colo do seu filho.

– Parece que já se conhecem a muito tempo – diz Laís.

– É verdade – diz Marcos.

– Não sei como lhe agradecer senhora – diz Marcos.

Amigo Fiel

– Vocês não precisam me agradecer, basta tratarem bem o animal, só isso!

– Quanto a isso a senhora pode ficar sossegada, nós o trataremos como um familiar, pode ter certeza!

– Isso basta para a minha felicidade – diz Mercês emocionada.

Após algum tempo, Letícia se sente cansada e sugere que todos voltem para casa.

– Não sem antes tomarem uma xícara de café feita especialmente para a ocasião – insistiu Mercês.

Rafael e Laís, extasiados pelas brincadeiras de Leleco, se sentam próximos a porta de saída aguardando os adultos para irem embora.

– Vamos embora, querido?

– Vamos amor... A senhora não vai ficar chateada se sairmos assim?

– De jeito nenhum meu filho. Que Deus abençoe você e seu filho. Cuidem bem do Leleco. Não é esse mesmo o nome que você escolheu menino?

– Sim senhora, ele vai se chamar Leleco.

Todos riem.

– Laís abraça o pequeno cãozinho e pega no colo sua cadela. Todos se despedem como se fossem velhos amigos.

Rafael é só alegria, a febre foi-se embora com a chegada do cãozinho Leleco.

"*A vida não se resume a esta vida.*"

Nina Brestonini

Amigo Fiel

Lucas se aproxima e me convida para mais uma grande lição.

– Venha Osmar, quero te mostrar uma coisa!

Em desdobramento, eu acompanhei o iluminado espírito.

Chegamos a uma praça onde Leleco e Rafael brincam como crianças que são. Felizes, nos sentamos no extenso gramado e o Lucas começa a me explicar por que não devemos esconder nada de ninguém.

– Osmar.

– Sim Lucas!

– As encarnações são todas programadas, como já te expliquei.

– Sim, eu entendi perfeitamente o que você me disse. Eu posso programar minha encarnação e expiar com aqueles que preciso resgatar meus débitos. Posso programar algumas encarnações em sequência e etc.

– Isso, que bom que você entendeu perfeitamente. Há provas durante a encarnação que foram programadas. Doenças, acidentes, perdas, separações, casamentos, uniões, filhos, família, raça, cor, continente, país, bairro, cidade, tudo está programado para que a evolução dos espíritos envolvidos aconteça, como já dissemos não existem acasos.

– Isso também eu já compreendi.

– Pois bem, algumas doenças são usadas para estreitamento dos sentimentos das partes envolvidas. É na doença que sentimos o peso da perda ou do sofrimento, e é no medo da perda que aumentamos ainda mais o amor, valorizamos o amor. Assim, muitas das vezes não entendemos os porquês da vida material. Por que perdemos temporariamente pessoas que amamos tanto. Lembre-se que tudo está planejado.

– O que temos que fazer então no momento de desespero e quando temos a sensação que vamos perder alguém?

– Confiar N'Ele que tudo sabe e tudo vê!

– Confiar em Deus?

– Sim, confiar nos desígnios de Deus.

– Por que alguns sofrem e outros não?

– Há dois tipos de encarnação, Osmar.

– Quais são?

– As de provas e as de expiação.

– E qual é a diferença?

– Uma encarnação de provas é quando você encarna para passar por momentos depurantes, ou seja encarna para ficar doente, sofrer, perder, não vencer, viver com dificuldade, enfim é uma encarnação de depuração dos débitos das vidas anteriores.

– Sofrimento?

Amigo Fiel

– Também, não necessariamente sofrimento, porque existem espíritos encarnados que tem tudo para serem felizes, mas não conseguem.

– É uma encarnação cármica?

– Sim, pode-se dizer que sim.

– E expiação?

– Expiação é quando você encarna para auxiliar outro espírito. É quando você encarna ao lado de um espírito que você quer muito ajudar e ajuda efetivamente. Isso é o que mais acontece. Espíritos amigos e afins encarnam juntos, um para sofrer e outro para aliviar o sofrimento de quem ele quer muito bem.

– Ajuda mútua, é isso?

– Sim, só se evolui quando você ajuda o próximo, lembre-se sempre disso!

– Em grupos?

– Sim, espíritos encarnam em grupos para se ajudarem. E assim evoluem juntos. Todos estamos intrinsecamente ligados. Nada é por acaso como já dissemos.

– A engenharia de Deus! Podemos chamar assim?

– Não, chame de evolução dos espíritos filhos de Deus, é melhor!

– Mas há uma engenharia em tudo, não há?

– Sim, tudo está ligado a Ele.

– Obrigado pelo ensinamento, Lucas.

– Portanto nunca esconda nada de ninguém, a maior dor é a dor da desilusão, seja sincero sempre, palavras machucam menos do que atitudes. E gestos servem como exemplos. Quando faltamos com a palavra, nossas atitudes contradizem nosso mais íntimo sentimento.

– Obrigado Lucas.

– Pare de agradecer – brigou o mentor.

Fiquei calado olhando tudo o que começava a acontecer.

A prova difícil

É domingo, e como de costume Letícia, Marcos e Rafael vão até a praça que fica próxima ao condomínio em que moram, para que Leleco e Rafael possam brincar à vontade. O dia é claro de sol forte. Rafael nunca mais apresentou o quadro de febre. Parece que Leleco realmente é o remédio para a cura do menino que tanto sofreu na infância.

Letícia e Marcos estão aliviados, afinal a medicação de Stela deu o resultado esperado. As emoções que eram instáveis agora não são mais problema. Rafael é um menino normal, fez amizades na escola, tem amigos e amigas e nunca mais ficou doente.

– Mãe, posso ir com o Leleco lá do outro lado do parque?

– Para que Rafael?

– O Leleco gosta de correr, mamãe, você sabe, deixa eu ir com ele?

– Marcos vai com ele passear do outro lado por favor?

– Deixa de bobagens Letícia, deixe o Rafael ir passear com o Leleco. O parque é seguro, não vai acontecer nada.

Amigo Fiel

– Deixa mãe?

– Está bem Rafael, pode ir, mas não demore.

– Vou ficar de olho em você, Rafa – diz Marcos.

– Está bem pai, eu não demoro.

Rafael afrouxa a corda de prender Leleco e saem a caminhar pela extensa praça.

– Fique de olho nele, por favor Marcos!

– Pode deixar, amor.

Marcos acompanha com os olhos o longo passeio de Rafael e Leleco.

Após algum tempo Rafael volta ao encontro dos pais, seguro e feliz pela proeza de ter caminhado sozinho com seu cão.

– Viu mamãe, não aconteceu nada!

– Eu vi meu filho, você já está ficando um rapazinho.

– Isso filho, você já é um rapaz. Pode sim passear com o Leleco a hora que quiser. Agora vamos para casa para tomarmos um banho e irmos até a casa da sua avó para almoçar.

– Hoje nós vamos almoçar na casa da vovó mamãe?

– Sim, Rafael, como todos os domingos – diz Letícia.

– Posso dar mais uma voltinha com o Leleco?

– Sim, mas não demore.

O dia transcorreu como todos os domingos. Passeio pela praça na parte da manhã e almoço em família. A noite todos voltam para casa felizes e cansados.

Leleco está quieto, coisa que não é de costume, e Letícia estranha a quietude do animal.

– Leleco você está quieto, meu amorzinho, o que está havendo? – diz Letícia acariciando o animal ainda no interior do veículo da família.

– Ele está cansado, amor – diz Marcos.

– Mas ele não é assim, amor.

– E o Rafael?

– Ele está dormindo – diz Letícia.

– Pega o Leleco no colo, amor.

Letícia então vira-se para o banco de trás e pega Leleco colocando-o em seu colo.

Leleco está mole e estranho mesmo.

Marcos estica a mão direita e acaricia o animal, que não esboça nenhuma reação.

– Esse amiguinho não pode ficar doente Letícia – diz Marcos preocupado.

– Ele está estranho mesmo, vamos observá-lo quando chegar em casa.

Amigo Fiel

É domingo, todos estão cansados.

Rafael vai para seu quarto e se deita para dormir.

Letícia arruma carinhosamente a cama de Leleco ao lado da cama de Rafael, e preocupada ela põe o animal para dormir. Leleco não quer comida e nem bebe água. A preocupação de Letícia só aumenta, aflita com o comportamento do animal.

Após preparar tudo, Letícia vai até o seu quarto para falar com Marcos.

– Querido, o Leleco não está bem. Será que ele comeu alguma coisa na casa da mamãe que nós não vimos?

– Cadê o Leleco?

– Está na cama dele.

– No quarto do Rafael?

– Sim – afirma Letícia.

– Eu vou lá olhar ele.

Marcos então se levanta da cama e vai até o quarto de Rafael para observar Leleco. Após acariciá-lo e observá-lo durante algum tempo, ele volta ao encontro de Letícia muito preocupado.

– Letícia, as vacinas do Leleco estão em dia?

– Sim, levamos ele ao veterinário no mês passado, está tudo em dia.

— Ele deve estar indisposto, vamos esperar até amanhã para ver se ele melhora. Se não melhorar vamos levá-lo ao veterinário pela manhã. Aliás eu não vou poder fazer isso, porque tenho uma reunião logo cedo lá no banco.

— Se precisar eu levo ele depois de deixar o Rafael na escola – diz Letícia.

— Vamos dormir amor, já é tarde.

Marcos e Letícia dormem e logo cedo Marcos, preocupado, se levanta e vai direto para o quarto de Rafael para ver Leleco.

Atordoado ele volta ao quarto do casal com Leleco no colo. O cão está desfalecido e muito fraco.

— Meu Deus – grita Letícia se aproximando do animal que está no colo de Marcos.

— O Rafael não pode ver isso – diz Letícia nervosa.

— Calma amor, ele ainda está vivo. Se arrume e leve o Leleco para o médico que eu disfarço e levo o Rafael para a escola.

— Mas ele vai perceber que aconteceu alguma coisa com o Leleco, afinal o Leleco leva ele todos os dias para a escola.

— Vou dizer que você levou ele para vacinar, anda, corre, se arruma e leva ele imediatamente para o hospital.

Letícia se arruma rapidamente e sai desesperada para o hospital com Leleco deitado no banco traseiro do seu carro.

Amigo Fiel

Marcos disfarça e espera um pouco antes de acordar Rafael para a escola.

Após se organizar emocionalmente, Marcos vai até o quarto de Rafael e o acorda para a escola.

– Bom dia filhão!

– Bom dia pai.

– Anda, vamos para a escola? Não posso me atrasar, tenho uma reunião agora cedo no banco.

– Pai, cadê o Leleco?

– Sua mãe o levou para tomar vacina!

– Mas ele já tomou vacina papai!

– É uma outra vacina que ele precisa tomar.

– Pai, cadê o Leleco?

– Já falei, foi com a sua mãe para tomar uma vacina que nós esquecemos de aplicar, mais tarde a sua mãe leva ele para te pegar na escola, agora se arrume e vamos.

Rafael se levanta, toma seu banho, se arruma e vai para a escola com Marcos.

Após algum tempo, Letícia então liga para o marido para dar as notícias.

– Oi amor!

– Oi querida, como está o Leleco?

– Muito mal.

– Meu Deus – diz Marcos – Mas o que houve, Letícia?

– Ele está com uma grave infecção intestinal.

– Bem que eu vi que as fezes dele estavam estranhas.

– Pois é. Ele está internado, vai ter que ficar aqui alguns dias.

– Mas ele sai dessa né?

– O médico está confiante. Precisamos conversar com o Rafael.

– Quantos dias ele vai precisar ficar internado?

– O médico me disse que em três dias ele tem que reagir à medicação. Se tudo der certo uma semana é o suficiente para a recuperação total de Leleco. Estou muito preocupada com ele e com a reação do Rafael.

– Ele já tem onze anos, espero que ele aceite isso com normalidade.

– Vou dar uma ligadinha para a Stela para saber a opinião dela. O que você acha?

– O tratamento dele já acabou né amor, mas Stela é nossa grande amiga e conselheira, acho que você deve ligar para ela sim.

– Eu gostaria que você fosse comigo pegar o Rafael na escola.

Amigo Fiel

– Eu vou, vou avisar ao gerente e tiro uma hora de almoço mais prolongada.

– Faz isso amor, eu te espero no meu escritório para juntos irmos pegar o Rafael na escola.

– Está bem, ao meio dia eu estarei aí.

– Te espero.

– Dá um beijo no Leleco para mim.

– Eu já saí da clínica, ele está aos cuidados do Geraldo agora.

– Está bem querida, eu te encontro ao meio dia no seu escritório.

– Até já meu amor.

– Até já querida!

Após desligar o telefone com Marcos, Letícia liga para Stela.

– Alô, Stela?

– Sim, quem é?

– Sou eu, Letícia, mãe do Rafael!

– Oi Letícia! Como vai?

– Estamos bem e você?

– Eu estou bem. Como está o Rafael?

– Ele está ótimo.

– E a febre?

– Nunca mais doutora, graças a você!

– Não querida, graças a todos nós que cuidamos com muito carinho do Rafael.

– Stela, eu te liguei porque o Leleco está muito mal, internado na clínica veterinária. Estou muito preocupada com a reação do Rafael quando contarmos para ele.

– O que houve com o Leleco?

– Ele deve ter comido alguma coisa que não percebemos e está com uma baita infecção intestinal.

– Ele está internado?

– Sim, está medicado e internado!

– Com certeza o Leleco vai sair dessa.

– Sem dúvidas querida, ele está aos cuidados do melhor veterinário da cidade.

– Você já contou para o Rafael?

– Ainda não!

– Pois então conte!

– Será que ele vai reagir bem?

– Ele já está há três anos sem a febre emocional. O Rafael é um menino muito inteligente e maduro, eu acredito que ele vai tirar isso de letra.

Amigo Fiel

– Ai Stela, estou tão insegura!

– Não fique Letícia, confie no seu filho. Leve ele para ver o Leleco, não esconda nada dele. Ele vai aceitar, confie em mim.

– Obrigado, vou fazer isso. Daqui a pouco vou pegar ele na escola e vou levá-lo para ver o Leleco.

– Faça isso, qualquer coisa me liga.

– Obrigado Stela.

– De nada amiga.

Letícia segue para seu escritório um pouco aliviada, mas ainda tensa.

"A paz de espírito é necessária ao nosso equilíbrio emocional."

Osmar Barbosa

Amigo Fiel

Encontrei-me com Lucas novamente para um rápido diálogo.

– Lucas, por que os animais ficam doentes?

– Todo ser encarnado precisa passar por provas. A doença é uma delas.

– Os animais têm carma também?

– Não.

– Como assim?

– Os animais não têm livre-arbítrio Osmar, e se não têm livre-arbítrio eles não pecam.

– Eu não tinha pensado nisso!

Lucas então me apresenta um ensinamento do livro dos espíritos.

– Na questão 595 do livro dos espíritos, Osmar, Kardec esclareceu o seguinte quando perguntado: Os animais têm livre-arbítrio? Não são simples máquinas, como supondes, mas sua liberdade de ação é limitada pelas suas necessidades, e não pode ser comparada à do homem. Sendo muito inferiores a este, não têm os mesmos deveres. Sua liberdade é restrita aos atos da vida material.

Prossegue o mentor:

– Posso lhe assegurar que os animais expiam para amar. Repare que se você maltratar um cão, passados alguns minutos ele estará atrás de você feliz e tentando fazer as pazes, mesmo não sabendo o motivo de ter sido maltratado. Porém ele sabe que tem que te amar.

– É verdade! Os cães são muito amorosos e carinhosos.

– Eles não têm ódio no coração, Osmar.

– Daí eles não pecam?

– Sim, como não odeiam, não sentem raiva e perdoam rapidamente, eles estão livres do processo de resgate que há entre os espíritos.

– Os cães estão exercitando uma próxima vida como homem?

– Sim, esse é o destino deles.

– Tem mais algum objetivo a encarnação dos cães?

– Vários objetivos, Osmar. É expiando como cão que o espírito aperfeiçoa o amor, o perdão, a fidelidade, entre outros sentimentos nobres.

– Nossa Lucas, que legal!

– Os cães são maravilhosos mesmo, Osmar.

– Você protege o Leleco?

– Sim, ele é um cãozinho muito querido entre nós.

– Como assim, Lucas?

– Nas Colônias, como você pôde observar, existem cen-

Amigo Fiel

tenas de animais. Cada animal que fica conosco na Colônia tem um motivo para estar lá. Nada se perde na vida espiritual, tudo tem um motivo. Assim, Leleco já está conosco há algum tempo e ele tem um trabalho que nós achamos fundamental para auxílio dos espíritos que se ligam aos animais na vida terrena.

– Você pode me explicar melhor isso?

– Por quê, Osmar, existem pessoas que gostam tanto de animais e outras que não gostam tanto?

– Amor demais ou amor de menos, eu acho!

– Não, não é isso! Durante as encarnações, os espíritos aprendem a amar a criação como um todo. É durante as experiências corpóreas que as relações se estreitam, assim, alguns aprendem a amar os animais como seres perfeitos, seres criados para o auxílio evolutivo, outros demoram mais tempo a compreender isso.

– Todos vamos amar os animais no futuro?

– Olhe os dias atuais, o número de vegetarianos não para de crescer. Os espíritos que estão encarnando para a regeneração já trazem intrinsecamente o desejo de preservação animal, vegetal e mineral.

– Isso é verdade, as crianças de hoje são bem diferentes das crianças da minha época.

– Tudo evolui, Osmar.

– Acredito, Lucas.

– Bem, agora vamos ver mais um pouco da vida de Rafael.

– Sim, vamos...

"O amor pelos animais nos aproxima de Deus."

Osmar Barbosa

A vida

O sinal de saída da escola é acionado. Rafael corre para o portão de saída e estranha a presença de Marcos e Letícia.

– Pai, mãe, o que houve? Por que vocês estão aqui?

– Nós viemos te buscar meu filho – diz Marcos abraçando Rafael.

– E você mãe, por que está aqui?

– Eu vim com o seu pai porque precisamos ter uma conversa.

– Conversa, como assim?

– Nós precisamos conversar com você, Rafael.

– Aconteceu alguma coisa com o Leleco?

– Como assim com o Leleco? – pergunta Marcos surpreso.

– Pai, mãe, eu já não sou mais uma criança, eu já vou fazer doze anos. Hoje quando acordei o Leleco não estava em casa e desde que eu me entendo como gente o Leleco me acorda e me traz para a escola. Hoje foi diferente.

Amigo Fiel

Letícia se abaixa aproximando-se do filho, olha fixamente para Rafael.

– Filho, o Leleco está doente.

– Onde ele está mamãe?

– Ele está na clínica do Dr. Geraldo.

– E o que é que ele tem?

– Ele está com uma infecção intestinal.

– O que é isso?

– Ele deve ter comido alguma coisa que não devia. Você deu algum alimento diferente para o Leleco?

– Não mamãe, você sabe que eu não deixo o Leleco comer porcarias, eu sei que isso faz mal a ele.

– Pois é filho, o Leleco está doente – diz Marcos também se ajoelhando e ficando próximo a Rafael.

– Vocês podem me levar para ver ele por favor?

– Sim filho, nós viemos te buscar para você ir conosco ver o Leleco.

Rafael não fala mais nada, cabisbaixo ele caminha até o carro em silêncio. Letícia tenta puxar assunto com o menino que permanece sério e calado.

Marcos sinaliza com a cabeça e as mãos para Letícia ficar calada.

Todos caminham em direção ao veículo estacionado.

Marcos abre o carro e Rafael se senta no banco traseiro do veículo, quieto e triste.

– Está tudo bem Rafa?

– Sim, pai.

– Você está quieto. Você está triste?

– Não tenho motivos para estar alegre, pai.

– Mas você não deve ficar assim meu filho – diz Letícia.

– Mãe, eu só vou te dizer uma coisa; se o Leleco morrer eu morro com ele.

– Não diga uma bobagem dessas menino – adverte Marcos.

– Não é bobagem pai. Eu não sei viver sem o Leleco.

– Se o Leleco morrer, e ele vai morrer um dia, nós vamos novamente até a casa de dona Mercês e pegamos outro filhote para você. Como você sabe, a dona Mercês adora criar animais.

– Mãe, você não entendeu o que eu disse? Você está surda?

– Fale direito com a sua mãe, rapaz – diz Marcos.

O silêncio invade o carro. Rafael fica quieto e carrancudo.

Após alguns minutos, eles finalmente chegam à clínica onde Leleco está internado.

Rafael nem cumprimenta o Dr. Geraldo, ele deseja ir a sala onde ficam os cães internados.

Amigo Fiel

Leleco, ao ver o amigo, reage abanando o rabinho e ficando de pé dentro da gaiola em que está confortavelmente instalado.

Rafael sorri acariciando o amiguinho através da grade que os separam.

– Olhem, o Leleco já está melhor – diz Letícia.

– Sim, essa reação é um bom sinal – diz o médico.

– Que alívio, ver o Leleco assim me anima – diz Marcos.

– Dr., eu posso pegar ele no colo? – diz Rafael.

– Olhe menino, ainda não, ele está muito debilitado e precisa de repouso para se restabelecer. Se tudo der certo, dentro de três a quatro dias seu amiguinho estará de volta a sua casa e vocês poderão brincar à vontade. Além disso, ele está com o soro que temos que ter o cuidado para não soltar do bracinho dele – diz Geraldo, aproximando-se de Rafael e Leleco.

Rafael fica em silêncio e triste.

– Filho não fica assim, o Leleco vai se recuperar e logo ele vai estar em casa – diz Marcos se aproximando do menino.

– Doutor, o senhor me garante que o Leleco vai ficar bom?

– Rafael, se tudo der certo, como já disse o Leleco, já, já vai estar em casa.

Rafael se senta em frente a pequena gaiola e fica acariciando Leleco, que se deita e serenamente olha para seu fiel amigo.

Geraldo então chama com um gesto de mãos Marcos e Letícia para uma conversa reservada.

– Filho nós vamos até a outra sala para conversar melhor com o doutor ok? – diz Letícia.

– Pode ir mamãe, eu vou ficar aqui com o Leleco.

Marcos, Letícia e Geraldo se afastam da sala para conversarem no corredor próximo.

– Então doutor, como está o Leleco?

– Ele contraiu uma infecção intestinal. Provavelmente ele comeu alguma coisa que não devia ou até mesmo alguma planta, isso é normal na vida dos cães, a qualquer descuido de seu dono isso acontece. Ele já está medicado, eu vou mantê-lo aqui por dois ou três dias para que ele não desidrate. Essa é a grande questão, ele precisa beber água de meia em meia hora e precisa ficar no soro. Em casa vocês não conseguirão fazer isso, o recomendável é que ele fique aqui. As enfermeiras cuidam da medicação e da hidratação, que é muito importante neste quadro.

– Entendo – diz Marcos.

– Vamos orar para que ele se recupere o mais rápido possível – diz Letícia.

– Ele vai se recuperar – diz o médico.

Amigo Fiel

Rafael aparece como se estivesse escondido escutando a conversa dos adultos.

– Dr. Geraldo, quem é o santo protetor dos animais?

– São Francisco de Assis, meu filho.

– Obrigado!

– Por que a pergunta, Rafael? – diz Letícia.

– Mamãe, todos os dias antes de dormir eu faço uma oração a Deus por nossa família e pelo Leleco. Eu ouvi dizer que todos nós temos um santo protetor.

– Quem te disse isso, menino? – pergunta Marcos.

– A Rafaela, minha amiga da escola. Ela está fazendo a catequese e estudou sobre os santos.

– Meu Deus! – diz Letícia.

– Hoje eu vou fazer uma oração a esse tal de São Francisco de Assis para que ele cure rapidamente o Leleco.

– Que bom, faça isso mesmo Rafael – diz Geraldo.

– Vou fazer, doutor – diz Rafael voltando ao lugar onde Leleco se encontra internado.

– Quanto tempo podemos ficar aqui com o Leleco, doutor?

– Até às quatro horas.

– O senhor não se incomoda se ficarmos aqui com ele?

– Podem ficar, mas vocês já almoçaram?

– Não, ainda não – diz Marcos.

– Então eu acho melhor vocês almoçarem e depois podem voltar para ficar com o Leleco.

– Vou falar com o Rafael e se o senhor permitir voltaremos após o almoço para ficar com ele.

– Podem ficar à vontade. Só não poderei dar-lhes muita atenção, afinal tenho outros animais para cuidar.

– Sem problemas, doutor.

– Obrigado – diz Geraldo se afastando.

– Venha Letícia, vamos falar com o Rafael.

Marcos e Letícia voltam a sala de internação onde Rafael está sentado ao lado de Leleco.

Letícia se abaixa e conversa com Rafael.

– Filho, vamos almoçar? Eu falei com o médico e ele permitiu que após o almoço você pode ficar com o Leleco.

– Obrigado mamãe, mas eu não quero comer.

– Mas você tem que almoçar Rafael – diz Marcos.

– Obrigado papai, mas eu estou sem fome.

– Mas nós estamos morrendo de fome, Rafael.

– Pode ir comer mamãe, eu vou ficar aqui com o Leleco.

– Ai meu Deus, menino você não me ouve mesmo hein!

Amigo Fiel

– Mamãe, não vou deixar o Leleco aqui sozinho. Vocês podem ir almoçar, depois voltem e me peguem. Sei que não vão me permitir passar a noite com o Leleco, por isso eu quero ficar o maior tempo possível ao lado dele.

Marcos e Letícia se entreolham aprovando a decisão do menino.

– Está bem filho, a mamãe e o papai vão almoçar, eu vou trazer um sanduíche para você, está bem?

– Está bem, mamãe.

A tarde é agradável. Leleco a cada hora que passa fica mais esperto. Agora já fica de pé na gaiola e brinca com Rafael.

Os dois estão felizes.

As quatro e meia da tarde, finalmente Marcos, Letícia e Rafael deixam a clínica e se dirigem para casa.

Rafael se tranca em seu quarto e não quer comer e nem falar com ninguém. Preocupada, Letícia liga para Stela pedindo-lhe conselhos.

– Alô!

– Stela?

– Sim.

– Sou eu Letícia.

– Oi Letícia, como está o Leleco?

– Ele está bem, o veterinário está confiante.

– E o Rafael?

– Trancado no quarto, e é por isso que eu te liguei.

– Ele está sozinho?

– Sim, não quer assunto com ninguém.

– Deixe-o assim, Letícia. Ele precisa amadurecer.

– Desculpe amiga, mas eu fico preocupada.

– Seu filho já está ficando um rapazinho. Ele está chateado com a doença do Leleco, é só isso! Relaxe!

– Será, Stela?

– Sim, fique sossegada. Deixe-o em paz, e qualquer coisa me liga.

– Está bem, Stela, desculpe-me o incômodo e obrigada.

– De nada, Letícia, sempre que precisar é só me ligar.

– Obrigada doutora.

A noite corre tranquila. Rafael, trancado em seu quarto, não jantou e não falou mais nada.

Marcos e Letícia quase não dormiram preocupados com o menino e com Leleco.

Lucas, me conta novamente o que está acontecendo.

– Olá Osmar!

– Oi Lucas. Por que os animais sofrem? Eu gostaria de saber mais sobre as doenças que enfrentamos, sobre esses desafios, entende, por que tudo isso acontece conosco e com os animais.

– Os animais também estão evoluindo, Osmar.

– Eu sei que o sofrimento humano é consequência da invigilância. Mas e o sofrimento animal?

– Os animais, assim como os homens, estão na natureza para evoluírem. Só se evolui testando os limites do corpo e da alma. Assim todos enfrentaram algum tipo de dificuldade para aprenderem a se defender.

– O corpo físico também precisa dessas provas?

– O corpo físico, tanto animal como o corpo humano, está em pleno desenvolvimento. Observe que tudo está em evolução. As crianças que nasciam trinta anos atrás, demoravam de trinta a quarenta dias para abrirem os olhos, hoje já nascem de olhos abertos. O mesmo está acontecendo com os animais. Evolução, Osmar, evolução.

– Quer dizer que através das provas do corpo físico estamos melhorando?

– Sim, através das doenças, das experiências, das decep-

Amigo Fiel

ções, das perdas, das angústias, enfim de todo tipo de experiência o homem e o animal estão aprimorando o espírito e o corpo físico.

– Interessante isso. Pensando bem, você tem razão. Estamos em transformação.

– Tudo o que Ele criou está em transformação.

– Você pode citar mais alguma coisa que esteja se transformando?

– Sim, claro que sim! A terra, os minerais, os vegetais, o humano, o planeta, as provas, as expiações, as Colônias, enfim, tudo.

– Tudo seguindo em frente, é isso?

– Osmar, tudo foi criado para evoluir. Tudo mesmo!

– Compreendo. Exceto algumas pessoas, né Lucas?

– Algumas pessoas, como assim?

– Tem gente que não entendeu ainda o que é a vida, e vive para atrasar a vida dos outros.

– O espírito foi criado simples e ignorante. Todos vão evoluir. A marcha para alguns é rápida, mas para outros nem tanto. Você pode até achar que isso atrapalha a evolução, mas não é assim que funciona.

– E como funciona?

– Os que já aprenderam, aprendem mais com aqueles

que ainda não compreenderam. Ao observar um irmãozinho que na ignorância ainda não compreendeu o que é o que veio fazer aqui, você percebe que está no caminho certo. É olhando os exemplos que buscamos nos adequar às realidades evolutivas.

– Uma escola, é isso?

– Sim. Em uma sala de aula por exemplo, você tem alunos que tiram boas notas, porque compreenderam a matéria, e tem aqueles que tiram notas ruins, porque não compreenderam a matéria, e tem ainda aqueles que nem conseguem pontuar, pois não entenderam nada. Assim é a vida do espírito. Alguns estão à frente evoluindo a todo vapor. Outros mais lentamente, mas no caminho certo, e outros que ainda nem acharam o caminho.

– Por que Deus permite isso?

– Sois livre e sempre serás livre. Se Ele tivesse imposto suas vontades Ele deixaria de ser Deus e se tornaria um ser como nós. Mas não é assim, felizmente! – ressalta o mentor.

– Pensando como Deus, Ele está certo.

– Ele sempre esteve certo. Nós é que ainda não o compreendermos.

– Chegaremos a compreendê-lo?

– Esse é o destino de todos os seus filhos.

– Qual é o nosso destino?

Amigo Fiel

– A perfeição.

– E quando eu me tornar perfeito, o que vai acontecer?

– Não sei.

– Como assim, não sei?

– Eu igualmente a você, ainda não sou perfeito Osmar.

– Desculpe-me a ignorância, Lucas.

– Pare de pedir desculpas, rapaz.

– É que acho que fui grosso com você!

– Não, estamos aprendendo juntos.

– Como será viver no mundo perfeito, Lucas?

– Como lhe disse, ainda não sei, mas estamos caminhando para isso!

– Sou muito grato por conhecer vocês.

– Nós também, Osmar.

– Espero que essas linhas ajude muitas pessoas a se melhorarem.

– Este é o objetivo do livro. Nós estamos em missão de passar mais informações para o plano físico. Milhares de benfeitores espirituais estão neste momento intuindo médiuns a escreverem sobre a vida após a vida.

– Que legal! Tem algum propósito isso?

– Tudo o que Ele determina, tem um propósito, Osmar.

– E qual é o propósito agora?

– Divulgar ainda mais a vida após a vida!

– E por que vocês estão fazendo isso?

– A humanidade experimenta uma doença terrível. Vocês estão no meio do furacão.

– Como assim?

– De períodos em períodos, vocês experimentam doenças que trazem alívio para uns, aprendizado para outros e muito sofrimento para tantos outros. Como já dissemos, é através das provas que todos os espíritos evoluem. Há um grande fato que está quase imperceptível a todos vocês, mas que acendeu um sinal de alerta no mundo espiritual.

– Meu Deus, o que é Lucas?

– Hoje, quase um milhão de espíritos morrem todos os anos através do suicídio. As zonas umbralinas estão sobrecarregadas de espíritos sofrendo, arrependidos pela morte provocada.

– Meu Deus, eu não tinha pensado nisso! Como somos tolos.

– Pois é, mas nós estamos aqui para auxiliá-los a superar esse momento. É através da doutrina espírita que está se acendendo o alerta. É o espiritismo que acolhe, auxilia,

Amigo Fiel

ampara e orienta sobre os riscos do suicídio. Milhões de pessoas estão cometendo o suicídio involuntário, se podemos assim chamar o suicídio que se alastra através dos vícios, dos alimentos, dos maus hábitos e por aí vai.

– É por isso que se fala tanto em Umbral hoje em dia?

– Na verdade, são vários os motivos para o alerta no mundo espiritual.

– Como assim?

– O suicídio está em crescimento por vários motivos.

– Você pode citar alguns deles?

– Sim, esse é o objetivo dessa conversa.

– Eu percebo que vocês conduzem-me para perguntar o que vocês querem falar. Às vezes me sinto incapaz desse diálogo.

– Seu linguajar é simples e necessário para muitos que ainda não compreenderam o espiritismo, Osmar. Siga em frente.

– Obrigado Lucas, mas me conta um pouco mais sobre os motivos do suicídio.

– Primeiramente, as almas encarnadas começam a não mais temer a morte. Elas estão mais confiantes no amor de Deus por seus filhos. Outro motivo é a regeneração. Alguns espíritos já perceberam que não vão mais expiar entre vocês e desistem de ficar por aqui. A modernidade é outro motivo, não se reúne mais a família para as refeições e os bate-papos. As distâncias entre pais e filhos estão maiores. Outro motivo é a falta de uma religião que una as pessoas, pois muitas das que estão aí hoje separam as pessoas por classes, posição social, cor, sexo e outros. O amor deixou de ser o objetivo e passou a valer nada. Ou melhor, passou a custar dízimos.

– Como assim, Lucas?

– Antes as pessoas viviam pela união familiar, pela felicidade familiar, pela caridade familiar, pela esperança. Hoje as coisas estão mais fáceis. O jovem de hoje sonha em ter coisas materiais e não mais as conquistas espirituais. Dificilmente você verá jovens unidos na busca da melhora espiritual, são poucos os grupos com esse propósito. A maioria está correndo atrás da melhor profissão, do melhor salário, do melhor apartamento, do melhor carro, da melhor viagem e por aí vai. Acontece que quando eles conquistam tudo isso, logo a tristeza e a decepção lhe invade o coração. Tristeza no coração... depressão a caminho. Depressão instalada, suicídio na certa.

– Caramba Lucas. E o que é que Deus está fazendo?

– Enviando informações da vida após a vida. De como tudo funciona após a vida terrena. De como são as Colônias. De como podemos ser felizes após a vida humana. Das cidades

Amigo Fiel

espirituais. Do que você precisa para ser feliz após sua vida na Terra, e por aí vai. Estamos trabalhando muito para enriquecê-lo de informações que os afastaram do pensamentos suicidas. Essa é a grande tarefa do momento.

– O que seria de nós se não fossem vocês!

– Realmente, Ele nos ama profundamente, Osmar!

– Agradeço todos os dias por ter conhecido o espiritismo. Às vezes eu balanço, mas acredito que isso faz parte.

– Toda vez que sua fé balança, você é convidado a refletir, e toda vez que você é convidado a refletir o que acontece?

– Tenho a certeza de estar no caminho certo!

– Isso meu rapaz, viu como Ele é perfeito?

– E como.

– E agora o que vai acontecer com o Rafael?

– Uma prova muito difícil.

– Vamos em frente?

– Sim, observe, depois conversaremos mais ainda. Vamos falar sobre o câncer.

– Meu Deus, pobre menino!

– Não Osmar... não há pobreza para os filhos de Deus. Tudo é ensinamento, tudo é lição e aprendizado.

– Sim, vamos em frente.

"A vida só termina para quem não acredita no amor de Deus."

Osmar Barbosa

A dor que fere a alma

Como de costume, Rafael acorda cedo todos os domingos para brincar com Leleco na praça próxima a sua casa. Todos estão animados, afinal é um lindo domingo de verão, o sol já está a pico às 8h da manhã. Rafael está animado e feliz com a nova bola que ganhou de presente.

– Vamos logo papai!

– Já vamos, Rafa.

– Quero estrear a minha bola nova e a do Leleco.

– Essa bolinha que comprei para ele será de muita alegria, tenho certeza que hoje o Leleco se acaba no parque.

– Então vamos logo, pai!

– Bom dia meninos! – diz Letícia chegando a mesa de café da manhã que havia sido preparada por Marcos.

– Bom dia amor!

– Bom dia mãe! Mãe, toma logo o café que estamos atrasados para o parque.

– Como assim atrasados para o parque?

Amigo Fiel

– Ele está ansioso para irmos para lá. É que eu comprei uma bola nova para o Rafael e outra para o Leleco.

Leleco se aproxima abanando o rabinho como que confirmasse a ansiedade de brincar na praça. Solta alguns latidos de alegria.

– Você está vendo mamãe, o Leleco também está ansioso.

Risos.

– Deixa eu tomar meu café que já vamos, Rafael.

– Não demora – diz o menino se levantando da mesa.

– Vá escovar os dentes Rafael, para podermos sair – diz Marcos.

– Sim papai.

Após terminarem o café da manhã, Rafael e seus pais se dirigem à praça para a costumeira diversão das manhãs de domingo.

O lugar está repleto de pessoas. Alguns descansam sentados nos extensos gramados, outros praticam atividades físicas, e outros brincam com seus animais de estimação. Outros caminham fazendo ginástica.

Leleco está muito feliz. Rafael brinca com a sua bola e seu amiguinho corre atrás do menino saltitante e alegre.

Marcos atira a pequena bolinha para Leleco pegar, muito esperto o cãozinho pega a bola e traz para que Marcos atire novamente. Letícia está sentada ao lado lendo uma revista semanal.

A bola maior vai para longe de todos. Rafael e Leleco saem correndo para pegarem.

Rafael então cai desmaiado ao chão. Desesperado, Leleco começa a latir chamando a atenção de todos. O cãozinho fica desesperado, late, pula, corre em volta do corpo desfalecido do menino Rafael.

Populares correm para socorrer o menino.

Ao perceber a queda do filho, Marcos corre para ver o que está acontecendo com o menino, já que caído ele não se mexe.

Letícia nem percebe o que está acontecendo.

A multidão se junta em volta do menino caído, Leleco fica mais calmo quando Marcos chega e toma seu filho no colo.

– Rafael, Rafael, acorda filho!

Desesperado, Marcos não sabe o que fazer. E olha para Letícia que não percebe o ocorrido.

Leleco então corre em direção a Letícia para alertá-la do acontecimento.

Latindo muito, Leleco chega perto de Letícia.

– O que houve Leleco – diz Letícia tentando acariciar o animal.

Amigo Fiel

Leleco pula em frente a Letícia e fica latindo insistentemente.

Até que Letícia olha para o lugar onde uma multidão já se aglomera, e desesperada ela vê o filho desmaiado no colo de Marcos.

Levantando-se rapidamente, ela corre em direção ao marido e o filho. Leleco corre ao lado de Letícia.

Uma senhora se aproxima de Marcos e pede que ele se abaixe para permitir que ela olhe Rafael.

– Senhor, tenha calma, eu sou médica. Deixe-me ver o menino.

Marcos se abaixa e permite que a médica olhe seu filho. Letícia finalmente alcança seu filho.

Nervosa, ela toma Rafael do colo de Marcos.

– Calma Letícia, essa senhora é médica e vai olhar o nosso filho.

Num ato de desespero, Letícia insiste em tentar acordar o filho.

– Rafael, meu filho, acorda! Pelo amor de Deus! Gente, o que está acontecendo com o meu filho. Pelo amor de Deus!

– Calma, eu sou médica, deixe-me examinar o menino – insiste Sueli.

– Deixa ela ver o Rafael, Letícia!

Marcos então toma o menino dos braços da mãe e se senta no gramado colocando Rafael sobre o seu colo.

Sueli, muito calma, coloca os dedos no pescoço do menino para verificar seus batimentos cardíacos.

– Ele está vivo, tenham calma.

Imediatamente um rapaz se aproxima e oferece levar o Rafael para o hospital.

– Senhor, vamos levá-lo para o pronto-socorro mais próximo, o meu carro está ali olha! – diz Diogo apontando com o dedo indicador para o seu carro estacionado a poucos metros do lugar.

– Senhor, o seu filho se alimentou hoje pela manhã?

– Sim, doutora – diz Letícia.

– Ele só está desmaiado, eu aconselho a vocês a levarem ele o mais rápido possível para uma unidade de saúde. Sua temperatura está normal. Leve-o o mais rápido possível.

– O senhor se incomoda de levar-nos para o hospital? – diz Marcos para o rapaz ao lado.

– Claro que não, senhor, vamos logo.

Marcos então toma seu filho ao colo e corre juntamente com Letícia e Leleco para o carro de Diogo.

Em poucos minutos todos chegam ao pronto socorro.

Amigo Fiel

Sem que ninguém percebesse, o único objeto levado na hora do desespero foi a pequena bola que Leleco levou presa em seus dentes até o hospital.

Ao chegarem, Marcos, Letícia e Diogo desceram do carro e correram em direção a recepção do pronto-socorro. Leleco veio atrás deles e se sentou na entrada do estabelecimento com a sua bolinha presa na boca.

Ninguém lembrou de Leleco naquele momento.

Rafael é levado para o setor de emergência desacordado.

Diogo, após deixar Letícia e Marcos, despede-se de Leleco fazendo carinho na cabeça do animal, que fica sentado ao lado da porta de entrada do lugar.

Pouquíssimas pessoas estão naquele momento no pronto socorro.

Leleco permanece sentado do lado de fora esperando por Letícia, Marcos e seu amigo Rafael.

O olhar de Leleco é de tristeza e preocupação, ele sabe que algo está errado.

Após algumas horas, Rafael finalmente é estabilizado.

– Senhor, o senhor é o pai do menino? – diz a enfermeira se aproximando.

– Sim – diz Marcos que está sentado em uma cadeira no corredor muito próximo a enfermaria onde Rafael e Letícia estão.

– O doutor Felipe deseja falar com o senhor. A sua esposa está na enfermaria com o menino.

– E onde é que ele está?

– Venha comigo, senhor, ele está na sala dos médicos – diz a enfermeira.

Após caminharem até o final do corredor, Marcos chega à sala dos médicos.

Felipe é jovem, tem aproximadamente vinte e seis anos. É o médico plantonista.

– Bom dia senhor – diz Felipe.

– Bom dia doutor!

– Sente-se por gentileza – diz o rapaz indicando uma cadeira a sua frente.

Sentado, Felipe espera que Marcos se acomode para começar a falar.

– A sua esposa está na enfermaria com o menino de nome Rafael, é isso mesmo?

– Sim doutor, meu filho se chama Rafael!

– Pois bem! O seu filho teve o que me parece uma forte indisposição, talvez pelo que ele comeu hoje, excesso de exercício com o animal na praça, enfim eu já o estabilizei, agora é necessário que se faça outros exames. Fiz alguns de emergência, mas nada foi encontrado. Sugiro que o senhor

Amigo Fiel

procure o médico do menino e faça uma pesquisa mais detalhada para quem sabe descobrir o motivo do desmaio. Eu conversei com a sua esposa e com o Rafael e eles me disseram que isso nunca aconteceu, daí a necessidade de uma pesquisa mais detalhada, com exames mais detalhados.

– Ele já pode ir embora?

– Sim, ele está bem e estabilizado. Sugiro que não tome sol hoje e que descanse.

– Vou levá-lo para casa para descansar.

– Faça isso. Ele está bem, mas tem que investigar. Aqui não temos muitos recursos. Os que tenho a minha disposição eu usei, como lhe disse, não encontrei nada. Pode ser uma indisposição simples, mas pode ser algo sério também.

– Entendo, doutor.

– Agora eu vou assinar a alta do menino, leve-o para casa, dê almoço a ele, sugiro algo leve. E observem como ele vai passar o restante do dia. Se precisar de alguma coisa é só trazê-lo novamente, o meu plantão só termina amanhã pela manhã.

– Obrigado doutor, como é mesmo o seu nome?

– Felipe.

– Obrigado doutor Felipe.

– De nada, qualquer coisa estou à sua disposição.

– Obrigado!

Felipe se levanta, cumprimenta Marcos e ambos seguem para o quarto para informar a Letícia e ao Rafael que eles já podem ir para casa.

Leleco permanece na recepção do pronto-socorro, sentadinho aguardando seus donos.

– Mãe, cadê o Leleco? – pergunta Rafael.

Letícia olha para Marcos, pensando na resposta que irá dar para o menino.

Ambos percebem que esqueceram o animal no parque.

– Ele está nos esperando – diz Marcos.

– É um cãozinho marrom? – diz a enfermeira Isabelle se aproximando.

– Sim! – diz Rafael.

– Ele está sentadinho lá na portaria te esperando.

Um alívio enorme invade o peito de Marcos e Letícia.

Finalmente tudo parece estar voltando ao normal. Leleco está a salvo.

Letícia ao chegar em casa liga para a sua mãe.

– Alô, mãe!

– Oi filha!

– Tudo bem por aí?

Amigo Fiel

– Sim, e vocês?

– Estou te ligando para avisar que não vamos almoçar aí hoje.

– Por quê?

– Mãe, sabe de onde estamos vindo?

– Não filha.

– Estávamos no pronto-socorro com o Rafael.

– Meu Deus, o que houve?

– Ele desmaiou no parque hoje pela manhã.

– Mas como assim, desmaiou?

– O médico acha que foi uma forte indisposição.

– Ele não comeu pela manhã?

– Eu não vi, mas o Marcos disse que ele tomou o café da manhã normalmente.

– Então o que será que houve?

– Não sei mãe, amanhã eu vou levar ele na doutora Isadora.

– Você quer que eu vá com você?

– Ah mãe, se não for te atrapalhar eu gostaria que você fosse comigo, eu já não aguento mais tanta doença em minha vida.

– Calma filha, amanhã às oito horas eu chego aí para irmos juntas a médica.

– Obrigado mãe!

– Mas ele está bem?

– Sim, está no quarto dele brincando com o Leleco.

– Se não fosse esse cachorrinho eu não sei o que seria de vocês!

– Nem eu mãe, o Leleco é a razão de viver do Rafael.

– Pois é filha, isso me preocupa muito.

– Por que mãe?

– Cães vivem no máximo quinze anos, minha filha.

– Ih mamãe, até lá o Rafael já será um homem.

– Não, ele não será um homem, ele será um adolescente.

– Mãe, pare de colocar minhocas na minha cabeça, por favor!

– Esquece o que eu falei, filha.

– E papai, está bem?

– Para variar está cuidando do jardim, ele e suas rosas.

– Deixa ele mamãe, é a única distração de papai.

– Eu sei, filha, e eu amo o que ele faz, as roseiras estão repletas de flores de todas as cores, os vizinhos morrem de inveja.

Amigo Fiel

– Diga ao papai para mandar algumas rosas para mim, é muito bom tê-las em casa.

– O perfume das flores encanta os ambientes!

– É verdade mãe. Agora deixe-me desligar, amanhã cedo eu te espero aqui.

– Está bem, filha. Até amanhã!

O domingo passa tranquilo. Rafael brinca em seu quarto com Leleco. Letícia e Marcos estão mais calmos.

"O mais incrível nos animais é que eles não usam palavras, eles usam sentimentos."

Osmar Barbosa.

O renascer

No dia seguinte, Rafael acorda febril. Letícia logo percebe que o menino está indisposto, mas, como já havia ligado para Isadora, fica mais tranquila, porém encucada com a febre repentina do menino. Há muito tempo que ele não tem a febre que conviveu com ele em toda a sua infância.

Isaura chega à casa às oito e quinze da manhã, enquanto Letícia insiste para que Rafael se alimente.

Marcos saiu cedo para o trabalho e não sabe da febre do filho.

– Bom dia filha!

– Oi mãe!

– Oi Rafael!

– Oi vó!

– Que carinha é essa meu amor?

– Ele está febril mamãe!

– Quantos graus ele está, Letícia?

– Trinta e sete e meio – diz ela.

Amigo Fiel

– Está em estado febril – afirma Isaura.

– Pois é, ele acordou assim.

– Bem, então vamos logo para o hospital.

– Sim, estou insistindo com o Rafael para ele comer alguma coisa, mas ele não quer.

– Deixe ele, assim é melhor, ele estar em jejum é bom caso precisa fazer algum exame.

– Mas ele só tomou um copo de leite, mamãe.

– Deixe ele comigo – diz Isaura pegando o neto pela mão – Venha, Rafael, vamos nos vestir e ir para o médico.

Letícia vai até o seu quarto e troca de roupa. Rafael já está pronto, ele foi arrumado por Isaura.

Após algum tempo, finalmente eles chegam ao hospital onde Isadora espera pelo seu querido paciente.

– Bom dia doutora!

– Bom dia Isaura, como vai?

– Estou bem, nosso campeão é que não está muito legal!

– É, a Letícia me ligou. Eu vou interná-lo para fazermos alguns exames. Vamos ver o que ele tem!

– Vá com a Isadora, Rafael – diz Letícia.

– Sim mamãe!

– Daqui a pouco eu trago notícias para vocês – diz Isadora se afastando.

– Obrigado Isadora – diz Letícia preocupada.

Isaura percebe que a filha não está bem.

– Não fique assim filha, deve ser mais uma daquelas febres emocionais.

– Mãe ele desmaiou ontem, lembra?

– Eu tinha me esquecido disso.

– Eu passei a noite em claro. Estou muito preocupada com o Rafael. Alguma coisa me diz que vamos ter problemas!

– Ele já está um rapazinho, filha.

– Eu sei mamãe, eu sei.

– Não há de ser nada.

– Se Deus quiser, mamãe.

– Você falou com a Stela?

– Sim, eu liguei para ela ontem à noite. A princípio ela descartou a febre emocional, disse que não há motivo aparente para isso. E que o Rafael já é um rapazinho. Mas que está atenta e que iria conversar com a Isadora para acompanhar tudo de perto.

– Ela cuida muito bem do Rafael, né filha?

– O que seria de mim se não fosse a Stela!

– Não há de ser nada, vamos esperar pelo resultado dos exames – diz Isaura tentando acalmar Letícia.

Amigo Fiel

Após uma hora, Isadora chama Letícia para uma conversa.

– Entre, Letícia – diz a médica.

Letícia e Isaura se sentam na sala da médica.

– Bom meninas, fiz alguns exames e não achei nada de importante, a febre foi embora, acho que se trata de uma virose. Vou liberar o Rafael para casa e peço que fiquem de olho nele, qualquer alteração me avisem, por favor.

– Que alívio saber que não é nada – diz Isaura.

– Você já conversou com a Stela, Letícia?

– Sim, conversei com ela ontem à noite e ela acha que não é nada emocional.

– Vamos fazer assim, eu vou liberar ele para ir para casa, não leve ele a escola nem hoje e nem amanhã. Ele precisa descansar para que a medicação que passei surta o efeito desejado. Vou ligar para a Stela e passar para ela essas informações.

– Está bem, Isadora – diz Letícia mais aliviada.

– Agora peguem o menino e vá para casa. Descansem – diz a médica.

Tudo parece voltar ao normal, até que as quatro horas da tarde, Rafael, após comer muito pouco, vomita todo o seu quarto.

Letícia liga então para Isadora muito preocupada, e relata a médica o ocorrido.

– Olha, Letícia, a virose ainda está se instalando, é normal que ele tenha esses sintomas, mantenha-o hidratado e se piorar me avise.

– Isadora, eu percebi algumas manchas roxas nas costas de Rafael, isso é normal?

– Ele caiu?

– Quando desmaiou lá no parque, mas eu não sei se ele bateu em alguma coisa. Talvez tenha batido em alguma coisa no chão.

– Vamos observar, se amanhã ele não amanhecer melhor, você traga ele novamente para eu examinar.

– Obrigado, Isadora.

– De nada, o que precisar me liga.

– Está bem, obrigado – diz Letícia desligando o telefone.

Rafael não melhora, durante toda a noite ele mantém o quadro febril com vômitos e inchaço na barriga.

– Marcos, fica um pouco com o Rafael para eu descansar? – pede Letícia.

– Você não acha melhor levarmos ele ao médico novamente?

– A Isadora falou que é uma virose que ela ainda está se instalando, por isso temos que observar até amanhã.

Amigo Fiel

– Está bem querida. Vá deitar um pouco, eu fico com o Rafael.

Leleco está deitado ao lado da cama de Rafael, o cãozinho se mostra triste e preocupado com o amigo.

– Pai!

– Sim filho!

– Deixa o Leleco subir na cama e ficar comigo?

– Deixo sim filho, vem Leleco.

Leleco dá um salto e sobe na cama se aconchegando ao lado de Rafael, que fica feliz com aproximação do amiguinho canino.

Rafael se sente melhor e dorme ao lado de Leleco.

Mas às cinco horas da manhã seu quadro piora, e muito. Desesperados, Letícia e Marcos colocam Rafael no carro e se dirigem para o hospital.

Rafael é internado imediatamente. Isadora é chamada à emergência. Ela e sua equipe logo providenciam uma série de exames na busca da doença que abate o menino.

Já se passaram metade do dia. Marcos está muito nervoso e preocupado com Rafael. Letícia, Isaura, Armando, Joelmir e Nara que acabaram de chegar de viagem ao saberem da doença do neto correm para o hospital.

– Oi pai.

– Oi meu filho – diz Joelmir.

– Oi mãe!

– Oi filho, como está o Rafael?

Leticia, Isaura e Armando se levantam para cumprimentar os pais de Marcos que acabaram de chegar.

– Ainda não sabemos o que ele tem, mãe. Ele está assim desde domingo quando teve um mal súbito no parque.

– E o que vocês fizeram?

– Ele está medicado mamãe.

– Não há de ser nada filho – diz Joelmir abraçando o filho.

Após algum tempo, finalmente Isadora convida os pais para uma reunião na sala dos médicos.

Letícia está muito nervosa. Somente os pais podem conversar com os médicos, os avós ficam sentados na sala de espera.

– Sente Letícia – diz Isadora apontando-lhe uma cadeira.

Marcos estranha a presença de um médico que ele não conhece.

Após se sentarem, Isadora oferece a Letícia e ao Marcos um copo com água.

– O que houve doutora? – pergunta Letícia percebendo que há algo errado.

Amigo Fiel

– Esse é o doutor Leonardo.

Leonardo estende a mão e cumprimenta Letícia e Marcos.

Isadora prossegue:

– Ele é oncologista aqui do hospital. Infelizmente descobrimos que o Rafael está com LLA.

Letícia e Marcos se desesperam.

– Como assim LLA? – pergunta Letícia nervosa – O que é LLA?

Marcos permanece calado e visivelmente abalado com a notícia.

Leonardo prossegue:

– A leucemia linfoide aguda que chamamos de LLA é um tipo de câncer muito comum na infância, não é hereditário e as suas causas ainda não são conhecidas, Letícia – diz o médico.

Letícia se desespera e começa a chorar. Marcos também não resiste e ambos choram abraçados.

Serenamente, Isadora pede calma aos pais.

– Como isso acontece doutor? – pergunta Marcos.

– Marcos, ela acontece quando as células-tronco, responsáveis por dar origem aos componentes do sangue, sofrem alterações. Por ser uma leucemia aguda, células ainda muito jovens, também chamadas de imaturas, param de funcionar corretamente e começam a se reproduzir de maneira descontrolada. A LLA afeta a maior parte das células em formação, e por isso a produção de todas as células sanguíneas fica comprometida. Sua evolução é bastante rápida, tornando fundamental que o tratamento se inicie o quanto antes. E é isso que precisamos fazer neste momento. E já estamos providenciando tudo para que seu filho não sofra e fique melhor mais rapidamente.

– Vocês vão fazer quimioterapia no meu filho? – pergunta Letícia.

– Sim, Letícia. O tratamento inclui a quimioterapia e radioterapia, neste momento nós só vamos aplicar a quimioterapia.

– Ele vai ficar careca? – pergunta Marcos.

– Sim pai. – diz Leonardo.

– Meu Deus – diz Letícia chorando.

– Senhores tentem manter a calma – diz Isadora – Tenham fé – insiste a médica.

– Mas como descobrimos a doença bem no início as chances de cura são enormes. Ele é um menino ainda e confiamos que vai dar tudo certo. Nós vamos iniciar o tratamento ainda hoje. O tratamento é feito por ciclos, vamos fazer um período e um outro de descanso, acompanharemos bem de perto, temos confiança que venceremos a doença – diz Leonardo.

– E ele vai ficar bem doutor, digo, ele vai se sentir bem com esse tratamento? Porque eu soube que quem faz quimioterapia passa muito mal – pergunta Letícia.

– Existem ainda alguns outros sintomas que o menino pode apresentar. Não posso esconder de vocês tudo o que pode acontecer com o Rafael.

– O que mais pode acontecer doutor? – pergunta Marcos.

– Ele pode além de perder os cabelos, desenvolver outros sintomas que são comuns a doença.

– Quais doutor? – insiste Marcos.

– Os sintomas mais comuns são os seguintes, vamos lá: inflamação na boca, perda de apetite, náuseas e vômitos, diarreia, infecções, hematomas ou hemorragias, fadiga, neuropatia, secura nos olhos, problemas de equilíbrio e coordenação e ainda outros sintomas que tentaremos controlar com a medicação.

– Mas tem cura, doutor? – pergunta Marcos nervoso.

– Sim, claro que sim, por sorte eu sou onco-hematologista.

– O que quer dizer isso doutor? – pergunta Letícia.

– Sou especialista em câncer do sangue.

– Como o senhor descobriu que o meu filho está com câncer?

— A Isadora me ligou desconfiada quando viu as manchas no corpo do seu filho na segunda feira, embora você só tenha comentado com ela após a consulta. É protocolo do hospital observar todo o corpo das crianças que chegam adoentadas aqui.

— Entendo – diz Letícia.

— Após conversarmos, eu decidi fazer uma biópsia da medula dele e logo depois fiz uma citogenética, a partir daí eu fechei o diagnóstico – esclarece o médico.

— Obrigado doutor, pelo carinho e preocupação com o meu filho – diz Marcos emocionado.

— Não tem de quê, senhor, esse é o meu trabalho.

— Quais as chances de cura doutor? – insiste Letícia.

— Noventa por cento, senhora.

Maria entra na sala e oferece água a todos.

— Que alívio! – diz Letícia levando as mãos ao peito.

— Mas claro não depende só da medicina. Temos que ter fé e acreditar em Deus – diz Isadora.

— Nós precisamos conhecer esse Deus – diz Marcos.

— Bem senhores, após beberem água e vocês estarem mais calmos, eu sugiro uma visita ao Rafael e vocês precisam decidir quem será o acompanhante dele durante o tratamento, infelizmente só um de vocês poderá ficar no quarto com ele – diz Isadora.

Amigo Fiel

– Eu fico – diz Letícia.

– Vamos até o quarto dele. Vamos dar início ao tratamento quimioterápico imediatamente – diz Leonardo – E olha, ainda bem que descobrimos nessa idade, a cura nesta faixa etária é bem positiva.

– Obrigado doutor – diz Marcos mais confiante.

Letícia, Marcos, Leonardo e Isadora seguem pelo extenso corredor que dá acesso aos quartos e logo se encontram com Rafael, que, sonolento, mal consegue falar com os pais. Ele em poucas palavras expressa seu desejo.

Letícia se aproxima do filho e o abraça deitando seu corpo sobre o corpo do menino frágil.

Marcos aproxima-se do filho também deitando parte de seu corpo sobre a cama.

– Mãe!

– Sim meu amor.

– Cadê o Leleco?

– Ele está em casa filho!

– Traz ele para ficar comigo, mãe?

– Não pode, filho.

– Mãe, eu sei que estou doente e que vou ter que ficar um bom tempo aqui no hospital, mas não sei se vou conseguir ficar sem o Leleco.

– Você vai conseguir sim filho, e vai ficar bom rapidamente, a mamãe vai ficar aqui com você.

– Mãe, traz o Leleco para ficar aqui comigo.

Letícia olha para Isadora com lágrimas nos olhos.

Isadora bate com os ombros, como quem diz... impossível!

Joelmir, Nara, Armando e Isaura ficam consternados com a notícia. A família está abalada.

Letícia é quem está mais confiante e passa paz e tranquilidade para todos. Após algum tempo, Marcos decide ir para casa e encontra Isadora no estacionamento do hospital.

– Já vai, Isadora?

– Sim, terminei o meu plantão.

– Olha, eu quero aproveitar a oportunidade para te agradecer por tudo. Muito obrigado por cuidar com tanto carinho do meu filho.

– É o meu trabalho, Marcos. E além disso eu gosto muito do Rafael.

– Mas você tem um carinho muito especial pelo meu filho e isso me comove.

– Eu agora mesmo estou indo para um outro plantão, você não quer ir comigo?

– Outro plantão, como assim? Como eu poderia ajudar você? Não trabalho na área médica!

Amigo Fiel

– Lembra que eu te falei de Deus? Lembra que falei que precisamos confiar em Deus?

– Sim, claro que sim! Lembro-me muito bem, aliás você sempre está falando em Deus.

– Pois bem, agora chegou a hora de eu dar meu plantão para ajudar os filhos de Deus, assim com ele me ajuda!

– Desculpe-me, Isadora, mas eu não estou entendendo! Você está me deixando confuso.

– É que eu sou voluntária em um projeto social onde atendemos a moradores de rua e pessoas necessitadas. Pessoas carentes, sabe?

– Nossa que legal! E onde é isso?

– No subúrbio, você não quer conhecer?

– Eu posso? Seria uma honra para mim!

– Todos podem ajudar, Marcos!

– Como assim?

– Você tem religião?

– Não, quer dizer, eu sou católico, mas não pratico! Não somos muito de igreja.

– A maioria é assim!

– Como assim, Isadora?

– A maioria das pessoas não tem uma religião definida. Ficam sem Deus no coração apesar de precisarem muito d'Ele.

– Pior que é verdade. Olha, mas eu tenho Deus no coração sim, dia desses mesmo eu fui à igreja rezar e pedir pela minha família.

– Não basta ir à igreja rezar, nós temos que aprender que fazemos parte do mundo criado por Deus, que precisamos ajudar o Criador e olhar pelas criaturas.

– Eu não tinha pensado assim.

– A maioria não pensa assim, somos parte do todo e devemos ajudar o todo a viver feliz – diz a menina Isadora.

– Poxa e onde é que eu aprendo tudo isso?

– Onde eu frequento.

– E eu posso conhecer?

– Claro, é só seguir o meu carro, aliás eu já estou atrasada.

– Então vamos – diz Marcos se dirigindo para o seu carro.

Letícia fica no hospital junto a Rafael, que dorme após a primeira quimioterapia. Ele passa bem.

Após alguns quilômetros, Marcos e Isadora chegam ao Centro Espírita onde Isadora é médica voluntária. A fila é enorme, dezenas de pessoas são atendidas diariamente por aquela instituição de caridade, outros dois médicos atendem nos consultórios muito bem preparados. O lugar

Amigo Fiel

é limpo e dispõe ainda de uma sala para pequenos curativos. Também dispõe de outra sala preparada especialmente para atender a moradores de rua.

Há uma outra sala onde cabeleireiros cortam cabelo gratuitamente, e outra de higiene pessoal, com chuveiro, máquina para lavar e secar roupas e um vestiário onde as pessoas podem tomar banho e fazer a barba.

Marcos fica impressionado com a organização e o tamanho do lugar, o que mais o impressiona é a gentileza com que todos são recebidos. Alguns voluntários passam por eles e os cumprimentam desejando bom dia mesmo sem conhecê-lo.

Isadora se aproxima de uma sala onde se lê na placa "Coordenadoria". É onde fica o Miguel.

– Marcos, eu vou te deixar aqui com o Miguel porque agora eu tenho que começar os atendimentos, pode ser?

– Claro que sim, só não quero atrapalhar.

– Você é meu convidado, lembre-se disso!

Após entrarem na sala, Miguel se põe de pé para receber Isadora e o ilustre visitante Marcos.

– Bom dia Miguel, este é o pai de um paciente meu – diz Isadora apresentando Marcos, que estende a mão para cumprimentar Miguel.

– É um prazer conhecer o senhor – diz Marcos.

– É a primeira vez que o senhor vem aqui?

– Sim, eu nunca entrei em um Centro Espírita.

– Seja bem-vindo. Venha, vou lhe apresentar o lugar. Qual o seu nome, senhor?

– Marcos!

– E você, Isadora, vai começar a atender agora?

– Já estou atrasada – diz a jovem saindo da sala.

– Venha Marcos, vamos caminhar pelas dependências do nosso centro espírita. Se me permite gostaria de lhe apresentar a nossa instituição.

– Nossa estou lisonjeado com sua atenção.

– Temos que tratar bem os nossos visitantes. É regra aqui!

– Que legal!

Miguel segue a frente, seguido por Marcos, que fica impressionado com o lugar. São várias salas de atendimento e um grande espaço onde se realizam as sessões e as palestras. Pacientemente, Miguel faz questão de mostrar todo o lugar ao novato Marcos, que se sente prestigiado e feliz com a oportunidade de conhecer por dentro aquele lugar de luz.

Miguel fala o tempo todo de Jesus para o novato aprendiz.

Marcos não sabe muito bem explicar a alegria de seu coração. Algo está se modificando dentro de si.

Amigo Fiel

Miguel percebe a angústia do visitante e o convida a meditar sobre seus atos. Ele se senta no espaço reservado aos dirigentes acima do salão onde são ministradas as palestras e convida Marcos a se sentar ao seu lado.

– Meu irmão, sei que as notícias que você está recebendo não têm sido muito boas, sei da angústia de seu coração, eu consigo perceber que algo muito grave aflige, mas como nos disse Chico Xavier, "Tudo passa". Tenha confiança no Senhor que tudo sabe e tudo vê, confie em Jesus nosso querido e amado irmão. Ele já está providenciando o seu socorro, tudo ficará bem.

Impressionado, Marcos acha que Isadora contou para Miguel o seu problema, e a doença do Rafael.

– Obrigado por suas palavras Miguel, eu realmente estou passando por um momento muito complicado da minha vida. Meu filho está muito doente e eu estou triste.

– Confie em Jesus, confie nos propósitos de Deus para os seus filhos.

– Está faltando Deus em mim – diz Marcos.

– Não, não está faltando Deus em você, falta é você achar o Deus que está aí, dentro de seu coração meu filho. Confie, não há acasos nas coisas de Deus. Se você está aqui hoje é pela vontade D'Ele.

– Obrigado por suas palavras, elas me confortam.

— Tenha paz em seu espírito, Deus já está agindo por você e por sua família.

— Obrigado Miguel.

O nobre anfitrião se levanta, bate nos ombros de Marcos, que, com os olhos marejados, fica feliz e sente paz em seu coração.

— Agora eu tenho que te deixar, aproveite que você está sozinho aqui e converse com Deus.

— Obrigado Miguel – diz Marcos aliviado.

Miguel se afasta deixando Marcos sozinho.

Marcos fica durante um bom tempo sentado e meditando sobre sua vida e sobre aquele lugar de paz e amor que Isadora o apresentou naquela tarde. A noite chega sem ele perceber. Isadora aparece na porta procurando pelo amigo.

— Você ainda está aí, Marcos?

— Desculpe-me Isadora, eu nem percebi que as horas passaram.

— Venha, precisamos ir.

Meio envergonhado, Marcos se levanta e segue Isadora.

Após deixarem o prédio, Marcos agradece pela oportunidade.

— Isadora, eu quero te agradecer pelo que você fez por

Amigo Fiel

mim hoje. Eu estava muito mal com tudo o que está acontecendo em minha vida, mas agora me sinto confiante e sinto uma paz indescritível em meu coração, tenho certeza que meu filho vai sair dessa.

– Eu não tenho dúvidas. O Rafael é um menino iluminado. Ele tem um anjo bom que o acompanha e não vai deixar que nada de mal aconteça a ele.

– Que bom. É muito bom ouvir isso de você.

– Olha, amanhã às 19h haverá um encontro aqui. Vamos ouvir uma palestra maravilhosa de uma pessoa que eu respeito muito e gostaria de lhe convidar.

– Amanhã às 19h estarei aqui. Mais uma vez, obrigado Isadora.

– De nada Marcos, e até amanhã.

– Até – diz Marcos se dirigindo para o seu carro.

A novidade enche o coração de Marcos de esperança. Ela já ouvira falar do espiritismo, mas aquele lugar mexeu muito com ele.

Ao chegar em casa, Marcos liga para o Hospital e pede para falar com Letícia.

Maria informa a Letícia que há uma ligação telefônica para ela na recepção.

Letícia corre para atender ao Marcos.

– Oi amor!

– Oi querida, como está o Rafael?

– Ele está melhor. Já se alimentou, acabou de tomar uma sopinha que prepararam especialmente para ele.

– Que bom que ele está melhor querida.

– Tenho uma excelente notícia para você, Marcos!

– O que houve?

– A Isadora me ligou ainda pouco e me disse que conseguiu uma autorização especial para o Leleco ficar aqui com o Rafael.

– Nossa, essa Isadora é demais mesmo!

– Ela é sensacional, né amor?

– Você nem imagina o que ela fez comigo hoje.

– Como assim fez com você?

– Depois eu te conto.

– Está bem, amor. Agora pega umas roupas para mim e para o Rafael, traz as coisas do Leleco, não esquece a ração e a caminha dele. E traz também as vasilhas de água e comida do Leleco.

– Está bem querida! Pode deixar que eu não vou esquecer nada.

No dia seguinte, Marcos, após a visita à Letícia e Rafael,

Amigo Fiel

vai até a sessão espírita para assistir a palestra e fica muito satisfeito com tudo o que vê e houve. Alguma coisa está se modificando dentro do seu coração. E ele está sereno e confiante. Ele acredita que Deus está agindo em sua vida.

– Gostou da palestra, Marcos?

– Nossa, amei tudo isso aqui Isadora. Obrigado por me permitir conhecer esse lugar maravilhoso.

– Que bom que você gostou.

– Quero muito te agradecer pelo Rafael, hoje ele já está bem melhor. E a presença do Leleco é fundamental para o equilíbrio do meu filho.

– Que bom! E olha, foi uma batalha para conseguir a autorização para o Leleco. Tivemos que interferir eu e a Stela junto a diretoria do hospital, que, sensibilizada, permitiu a permanência do Leleco.

– Nós é que agradecemos muito a vocês por tudo.

– Então boa noite, Marcos, eu tenho que ir.

– Boa noite, Isadora, e obrigado mais uma vez por tudo.

Isadora segue para sua casa para descansar enquanto Marcos permanece ainda um tempo no Centro Espírita, ele quer comprar um livro do palestrante da noite.

Miguel fica ao seu lado, os dois estão descontraídos e conversam animados.

"A gente só precisa saber o que é certo, para aproveitar o que é útil. Analise tudo, retenha somente o que é bom."

Allan Kardec

Na dor

Eu estava muito impressionado com tudo aquilo e pedi ao Lucas para me explicar algumas coisas. Ele prontamente me atendeu.

– Lucas, vocês estão sempre por perto de nós? Sempre que precisamos dos benfeitores eles se aproximam de nós?

– Todos vocês, digo todos nós, estamos ligados uns aos outros por laços eternos. Não existem acasos, como já dissemos. Quando sua encarnação é programada, espíritos que estão ligados a você pela eternidade lhe auxiliam na prova terrena.

– Anjo da guarda?

– Pode chamar assim se quiser, nós preferimos protetor, protetores ou companheiros!

– Posso ter mais que um protetor, ou melhor, posso ter mais de um espírito me auxiliando nessa encarnação?

– Normalmente você encarna com alguns companheiros espirituais ao seu lado. Os espíritos desencarnados têm rotinas de trabalho na vida espiritual assim como vocês têm rotinas de trabalho na vida material.

Amigo Fiel

– Como assim, Lucas?

– Temos nossas rotinas particulares, Osmar, eu poderia ser o seu protetor, mas não sou. Acontece que quem eu protejo faz parte do meu processo evolutivo, eu não evoluo ajudando só ao meu protegido, ou aos meus protegidos. Eu tenho outros afazeres na vida espiritual, assim dividimos a tarefa com outros espíritos.

– Quantos espíritos podem ser meus companheiros em uma encarnação?

– Vários, isso depende das provas pelas quais você vai passar.

– Quer dizer que um grupo de espíritos afinados a mim por laços eternos escolhem serem meus protetores, se assim posso chamar, para partilharem a minha vida?

– Protegido, você quer ser protegido de quê?

– Ué, não é essa a função dos companheiros, anjos da guarda e etc., me proteger?

– Você já nasceu protegido Osmar, todos os filhos D'Ele nascem protegidos. Ele que tudo sabe cuida da criação com perfeição.

– Quer dizer que os protetores ou companheiros não nos protegem?

– Os espíritos que decidiram expiar com você, o ajudam

a superar as provas da encarnação e aprendem muito com isso. Estamos ligados uns aos outros por provas e experiências que nos elevam aos olhos do Criador.

– Como assim, Lucas?

– Quando você decide encarnar para reparar, expiar ou auxiliar algum espírito afim, os espíritos que estão evoluindo ao seu lado aceitam lhe assistirem. E quando isso acontece nosso trabalho é orientar, guardar, iluminar, auxiliar, guiar, esclarecer, amparar e muito mais.

– E isso não é ser um anjo da guarda?

– Não!

– Por que não?

– Você tem o livre-arbítrio, Osmar, e é ele quem vai lhe proporcionar alegrias ou tristezas profundas.

– O que acontece quando vocês nos intuem alguma coisa para nos auxiliar e a gente não compreende, não houve ou não entende?

– Sofremos junto com vocês.

– Então estamos todos expiando?

– Sim, através da encarnação é que o espírito evolui. Você já sabe disso!

– Só encarnando é que eu vou evoluir?

Amigo Fiel

– Também encarnando. A evolução aqui na vida espiritual é um pouco diferente. São diferentes as provas, entende?

– Sim, eu entendo, mas qual é a diferença Lucas?

– Encarnado você não tem certeza do que deve ou não fazer, embora tenha sempre uma voz te guiando e tentando lhe alertar das faltas que você vai cometer. O livre arbítrio é seu guia. Enquanto que na vida espiritual o livre arbítrio também vai lhe guiar, mas de forma consciente. Aqui não existem suposições, Osmar, tudo aqui é real, sem fantasia, sem mentiras e sem enganação. Aqui tudo é verdade!

– Que bom isso!

– É, mas as vezes precisamos de um pouco de fantasia para tornar a vida mais interessante.

– Vocês são felizes na vida espiritual?

– Muito.

– Então por que as fantasias?

– As regras do mundo espiritual não perdoam, Osmar. Tudo aqui é muito organizado.

– Entendo que isso seja um sistema para forçar os espíritos a evoluírem.

– Sim, as regras são claras e são elas as regras que fazem com que haja uma organização aqui na vida após a vida.

– São como as leis que regem a humanidade?

– Sim, as leis criadas para organizar e manter as sociedades estabilizadas. É como na vida corpórea, aliás as duas vidas são muito parecidas, como já lhe falamos.

– Quantos protetores eu tenho, Lucas?

– Umas dezenas.

– Nossa, o que fiz para merecer isso tudo?

– Nada, você não é nenhum privilegiado.

– Mas por que tenho um número grande de protetores?

– Leva-se da vida material aquilo que melhor construiu-se enquanto estiveste encarnado. A vida aqui é o reflexo da vida aí. Portanto seja justo, bom, honesto, amigo, companheiro, sincero, leal, caridoso, útil, seja o melhor que podes ser. Os amigos das vidas físicas serão seus amigos na vida espiritual. O auxílio mútuo é o grande troféu da vida.

– Nossa, eu não sabia disso. Obrigado, Lucas, pelos ensinamentos.

– Não há surpresas, Osmar. A única surpresa que vocês vão ter quando desencarnarem é a certeza do que estamos escrevendo aqui hoje. A vida não termina com essa vida, meu amigo.

– Sabe Lucas, eu sou muito grato a todos vocês por me auxiliarem a compreender a vida.

– É nossa tarefa.

Amigo Fiel

– Eu fico muito feliz em saber que os amigos continuam sendo meus amigos após a vida corpórea.

– É assim que funciona. E quanto mais encarnações você tiver, e quanto mais amigos sinceros você fizer, mais amigos espirituais você vai ter, aqui e aí.

– É muito gratificante saber disso.

– Vamos observar agora a prova de Rafael.

– Vamos amigo, vamos sim!

"O amor é capaz de nos levar a lugares incríveis."

Osmar Barbosa

Seres de luz

Lucas então me revela o que está acontecendo no hospital.

Dois espíritos iluminados estão ao lado de Rafael na enfermaria do hospital. São duas horas da manhã, o silêncio é profundo. Letícia está dormindo ao lado de Rafael em um pequeno sofá de dois lugares que se transforma em uma pequena cama para que o acompanhante do paciente possa dormir. O quarto se enche de luz com a chegada dos amigos do plano espiritual.

Um desses abnegados servidores do bem se chama Nina Brestonini. Nina é uma linda jovem, ela é trabalhadora da Colônia Espiritual Amor e Caridade, e o outro é Ângelo, que auxilia na Colônia Rancho Alegre.

A Colônia Amor e Caridade é especializada no atendimento a crianças que desencarnam vítimas de câncer nos hospitais brasileiros. Há em Amor e Caridade diversos setores especialmente preparados para o refazimento perispiritual dessas crianças, pois os tratamentos quimioterápicos e radioterápicos causam lesões no perispírito que precisam ser refeitos no plano espiritual, nas Colônias. Há em Amor e Caridade escolas, teatros, vilas e prédios dedicados a auxiliar todos que chegam, vindo dos hospitais e regiões de sofrimento. Há também parques e praças, tudo criado pelos espíritos superiores para que as crianças se sintam bem.

Ângelo é trabalhador da Colônia Espiritual Rancho Alegre, ela é bem grande, lá existem diversos setores, há centros de tratamento para doenças infecciosas, programação para reencarnação, centro de regressão, hospitais veterinários, escolas especializadas, grandes áreas de lazer e diversas especialidades direcionadas aos cães. Os animais não sofrem, estão alegres e felizes na Colônia.

A Colônia Rancho Alegre é uma das Colônias que foram instaladas sobre o orbe terreno no momento da criação. Ela chegou bem antes dos humanos, já que após o reino mineral e vegetal, os espíritos expiam na espécie animal e finalmente na forma hominal.

Há ainda duas outras Colônias especializadas em animais, uma delas é a Colônia Celeiro dos Anjos, que fica localizada sobre o Rio de Janeiro e é dirigida por Atanael, um nobre espírito que se dedica a administrar com amor e carinho essa que é uma das mais ativas colônias de animais. A maior de todas é a Colônia Espiritual São Francisco de Assis, presidida pelo próprio Francisco de Assis, que após seu desencarne assumiu a administração dessa colônia. Há ainda dezenas de Colônias intermediárias onde é feita a filtragem daqueles que voltaram para a vida física imediatamente e aqueles animais que permaneceram durante algum tempo nas colônias, seja para o refazimento perispiritual ou por necessidade evolutiva.

Há nas Colônias campos verdejantes, pastagens, prédios, salas, galpões, ruas, avenidas, casas, enfim tudo o que precisa ter numa Colônia para seu perfeito funcionamento, já que quem trata dos animais são espíritos evoluídos. Tudo é muito organizado. Há presidência, diretores e mestres que através de fluidos auxiliam no refazimento perispiritual dos animais que lá chegam após a morte.

Nina conheceu Ângelo quando esteve na Colônia Rancho Alegre para auxiliar na implementação do prédio do refazimento perispiritual dos animais que desencarnam vítimas de câncer. Tornaram-se grandes amigos, já que Nina é e sempre foi apaixonada por animais. Os animais são muito úteis na Colônia Amor e Caridade, lá existe um programa de aproximação das crianças que irão reencarnar. Os espíritos superiores aproximam os espíritos que irão reencarnar aos espíritos dos animais, estreitando essa relação. Assim, as crianças, quando reencarnam, evitam comer a carne dos animais, e ainda várias terapias onde os animais são utilizados.

Todos os animais que chegam velhos, doentes e cansa-

Amigo Fiel

dos em Rancho Alegre voltam a ter vigor após passarem pelas câmaras de refazimento perispiritual. E vivem felizes.

Curioso e pedindo maiores explicações a Lucas, fiz a seguinte pergunta:

– Os animais tem alma, Lucas?

Ele então me respondeu:

– Os animais são nossos irmãos mais jovens, Osmar. Embora estejam se organizando, futuramente eles alcançarão um estágio tão elevado quanto o nosso. "Evoluir é o destino de todos os espíritos", lembra?

– Sim, Lucas, claro que sim.

– Mas eles são espíritos diferentes, Osmar.

– Como assim, Lucas?

– O que os cães têm é um princípio inteligente, diga-se de passagem, muito evoluído. Podemos dizer que são espíritos que estão muito perto de adquirir a psique que os humanos possuem, eles têm algo mais que matéria, e isso como todos sabem, é espírito. E sendo espírito, está em evolução. Osmar, Deus não deixa de criar, Ele é o criador de todas as coisas. Nós somos os cocriadores que auxiliam ao Pai. Sendo assim, estamos auxiliando os cães e gatos a se aproximarem da experiência humana.

– Quer dizer que os cães e os gatos logo estarão experimentando outras formas? Estarão experimentando a forma humana?

– É necessário entender que o espírito não precisa passar por todas as espécies existentes para chegar à condição de ser humano. A alma animal, que já passou pelo reino mineral onde a individualidade não existe, evoluiu através do reino vegetal e um dia iniciará a longa caminhada da espécie humana em direção à angelitude. Homens, animais, elementais, e todos os seres, encarnados e desencarnados, estão viajando em um mesmo destino chamado de "EVOLUÇÃO".

– Caramba, Lucas, que legal!

– E tem mais, Osmar, a alma animal já possui, em maior ou menor quantidade, uma relativa liberdade e mantém a individualidade depois do desencarne. Ainda sem livre arbítrio, contudo, ela não dispõe da faculdade de escolha desta ou daquela espécie para renascer. Tudo isso é organizado na Colônia Rancho Alegre e nas demais colônias preparadas para esse fim. O espírito progride, reencarnando em corpos cada vez mais capazes de lhe favorecerem condições para as primícias do raciocínio acima do instinto. Como os animais não possuem consciência de si mesmos, não estão sujeitos ao processo expiatório.

– Eu nunca tinha pensado nisso, Lucas.

Amigo Fiel

– Pois é, Osmar, infelizmente a situação de abandono em que vivem muitos animais é reflexo da inferioridade moral da espécie humana, que ainda não conhece o amor em sua plenitude. Se observarmos os animais na natureza, longe dos lugares onde vivem os humanos, veremos que todos são tratados por Deus da mesma forma. Todos são amados e cuidados com muito amor e carinho. Cada um deles vive a experiência orgânica que necessita naquele estágio, tendo em vista caminharem para um grau mais elevado na hierarquia do espírito. Todos estamos em evolução, Osmar, todos...

– Infelizmente você tem razão, Lucas. Como sofrem os animais. Por que eles sofrem Lucas, eles tem carmas?

– Os animais não têm Carma, Osmar, pois eles não têm livre arbítrio. Eu já te expliquei isso!

– Não tem livre arbítrio, como assim? Eu gostaria de saber mais.

– Os animais não são responsáveis pelos seus atos. São animais, simples assim! Alguns são mais inteligentes pelos cuidados recebidos por seus donos, ou talvez porque progrediram um pouco mais do que os seus irmãos da mesma espécie. Tudo no universo está em evolução, assim uns se sobrepõem sobre os outros, assim como na espécie humana.

– Eu entendi, Lucas. Uma outra pergunta, eles sofrem quando ficam doentes?

– Quando ficam doentes não sofrem no sentido em que normalmente vocês entendem como sofrimento.

– Como assim, Lucas?

– No homem, o sofrimento funciona como um depurador de suas imperfeições, estimulando seu desenvolvimento moral e elevando a sua condição espiritual. O animal não tem vida moral e por isso suas dores são apenas físicas. Claro que todas essas impressões positivas e negativas fazem parte das experiências que se acumulam para edificar o futuro ser pensante.

– Que legal saber disso, Lucas!

– Muito mais do que vocês supõem, os animais são assistidos em seu desencarne por espíritos evoluídos, espíritos milenares que auxiliam o Criador na criação. Esses espíritos os recebem nas Colônias Espirituais e cuidam deles com muito carinho, amor e compreensão.

– São cuidados um a um ou são cuidados em grupos, Lucas?

– Alguns espíritos cuidam de grupos de animais e, à medida que eles vão evoluindo, o atendimento vai tendendo à individualização. Até que o nosso amiguinho é encaminhado para uma nova experiência evolutiva.

– Reencarna?

– Sim, Osmar, quanto eles vão reencarnar, os espíritos

Amigo Fiel

superiores procuram colocar juntos a espíritos que já conviveram com eles, e isso é o que facilita o aperfeiçoamento e o aprofundamento dos sentimentos.

– Quer dizer que a minha cadela Boo pode voltar a viver ao meu lado após o desencarne dela?

– Sim, é assim que Ele nos mostra o amor.

– Caramba, Lucas, que legal.

– Osmar, os animais têm a sua linguagem, os seus afetos, a sua inteligência rudimentar, com atributos inumeráveis. São eles os irmãos mais próximos de vocês, merecendo, por isso, sua proteção, amparo e amor. Estamos ligados uns aos outros por muito tempo, Osmar, lembra?

– Sim, Lucas. São essas ligações que chamamos de laços eternos, não é?

– Sim, excelente definição, Osmar, laços eternos.

– Você pode me explicar mais um pouco?

– Sim, claro, vamos lá. Todo ser, criado por Deus simples e ignorante, é compelido a lutar pela conquista da razão, para em seguida burilar. A dor física no animal é passaporte para mais amplos recursos nos domínios da evolução. Dor física no homem, acrescida de dor moral, é fixação de responsabilidade em trânsito para a Vida Maior. Assim, é experimentando que todos evoluem. As ligações espirituais são eternas.

– Nossa! Que legal, Lucas, obrigado!

– De nada meu amigo. Agora, se me permites, vamos observar os iluminados em seu trabalho.

– Vamos sim, Lucas, vamos sim!

Nina se aproxima de Rafael e lhe aplica um passe. Ângelo, que assiste a tudo, estende as suas mãos e ilumina todo o ambiente.

Leleco acorda percebendo a presença dos espíritos.

Rapidamente ele desce da cama e se aproxima de Ângelo, que se abaixa e acaricia o animal. Nina sorri.

– Olha, Ângelo, como o menino está bem melhor!

– Sim, ele vai vencer a doença!

– Certamente – diz Nina.

– Você o conhece de ontem, Ângelo?

– O Rafael é um espírito amigo, estamos juntos por diversas encarnações. Tenho acompanhado a evolução dele e confesso, Nina, não está sendo nada fácil.

– Por quê?

– Rafael experimenta por muitos séculos, ele já foi camponês, foi soldado romano, foi soldado na primeira e segunda guerra, sua evolução se dá de forma lenta, pois ele carrega ainda muita dificuldade para compreender que é eterno. Quando se vive por viver, e não se dedica a evoluir,

Amigo Fiel

o espírito experimenta por muitos séculos as zonas de sofrimento.

– Eu lamento que ele ainda esteja assim!

– Eu é que te agradeço por me auxiliar em seu tratamento do câncer, Nina, você sempre disponível para ajudar à todos né?

– Já compreendi que só posso ajudar a mim mesmo e a melhor forma de me ajudar é servindo aos meus irmãos. A vida não se resume a esta vida, meu amigo! Ainda teremos centenas de oportunidades evolutivas, é só ficar atento e aproveitar para servir.

– Nina, você está me emocionando como sempre!

– Que nada, Ângelo, quando chegamos aqui neste hospital pude observar a grandeza de seu espírito. Sua luz iluminou todas as salas e enfermarias deste ambiente. E eu fico feliz por isso!

– Somos o resultado de nossas escolhas, Nina. A soma de tudo!

– É verdade, Ângelo, escolhas e somas, simples assim!

– Nina, vamos aplicar mais um passe no Rafael e na sua mãe?

– Sim, claro que sim, mas não se esqueça do Leleco.

– Nina, eu tenho uma linda história para te contar.

– É?

– Sim – diz Ângelo.

– E que história é essa?

– É a história do Leleco, mas vamos deixar para depois, agora vamos terminar o serviço e voltar para as nossas colônias. Depois eu vou me encontrar com você e te contar essa linda história.

– Já estou ansiosa – diz Nina.

Nina e Ângelo aplicam novamente o passe em Rafael e Letícia.

Aquela noite Rafael dorme bem. Letícia nem acorda para olhar o filho. Logo outro dia chega e todos estão bem.

*Maiores informações sobre a Colônia Amor e Caridade, você encontra no livro *Colônia Espiritual Amor e Caridade – Dias de Luz,* psicografado por Osmar Barbosa. A história de Nina Brestonini está relatada no livro *Cinco Dias no Umbral.*

OSMAR BARBOSA

De volta à vida

Após um ano e seis meses, Rafael, Letícia, Marcos, Joelmir, Nara, Armando e Isaura estão na sala de Isadora esperando pela médica que traz os últimos exames do menino. A esperança é que a notícia seja da cura da LLA. Todos estão ansiosos.

Isadora chega a sala acompanhada de Stela e Leonardo.

– Bom dia, senhores! – diz a médica

Todos respondem bom dia.

– Bom dia, Rafael! – diz Leonardo – Olha menino, nós temos uma excelente notícia para todos!

Letícia se coloca de pé. Ela está muito nervosa.

– Sente-se Letícia – diz Isaura.

– Não, mamãe, me deixa, estou muito nervosa.

– Sente-se, Letícia – diz Stela tentando acalmá-la.

Obedecendo à Stela, Letícia se senta, roendo as últimas unhas.

Isadora se senta ao centro da mesa e entrega um chu-

Amigo Fiel

maço de papeis ao Dr. Leonardo para que ele possa proferir o resultado dos exames de Rafael.

– Senhores – diz o médico – após a realização dos últimos exames de sangue e da medula, podemos assegurar que o Rafael está curado da leucemia.

– Os exames que fizemos não detectaram mais os sinais da doença – diz Isadora sorrindo para todos.

Leleco está sentado no colo de Nara e dá um salto para o colo de Rafael como se entendesse que seu dono está livre da doença. Todos riem e comentam a atitude do cão.

– Olha gente, até o Leleco ficou contente com a notícia – disse Stela.

Todos se abraçam felizes. Rafael não consegue esconder a alegria e começa a chorar.

– Não chore meu filho – diz Marcos abraçando o filho.

Letícia corre para abraçar o menino.

Leleco pula de alegria ao lado de Rafael, que o abraça carinhosamente.

Todos estão muito felizes.

– Podemos comemorar doutora? – pergunta Joelmir.

– Comemorem bastante – diz a médica feliz.

Todos se abraçam em lágrimas.

– Então pessoal vamos aproveitar para almoçar no shopping? – sugere Nara.

– Vamos! – diz Rafael feliz.

Após abraços e agradecimentos, todos se dirigem ao shopping para o almoço da cura, como assim ficou chamado.

Rafael está feliz, ele já está ficando um rapazinho, como diz Isaura.

O dia é de alegria. Marcos não foi trabalhar, mas pede à família que façam um esforço para acompanhá-lo ao Centro Espírita para agradecer pela cura do menino.

Letícia retruca.

– Sério Marcos, Centro Espírita?

– Sim amor, eu pedi aos mentores espirituais lá do centro para intercederem pelo Rafael e eu gostaria muito que todos nós fossemos lá no próximo sábado para agradecer ao pessoal que orou muito pela cura do nosso filho.

– Você sabe que eu nunca me meti nessa sua decisão de se tornar espírita. Sabe que eu não gosto de espiritismo.

– Mas é só uma palestra!

– Eu vou. Se te faz feliz, eu vou. Mas não vou me tornar espírita.

– Obrigado Letícia, a Isadora e o Miguel irão ficar muito felizes.

Amigo Fiel

– Pai – diz Rafael que prestava atenção na conversa.

– Sim, filho.

– Eu, por diversas vezes, vi uma moça muito bonita passando a mão em mim quando eu estava no hospital. Ela parecia um fantasma.

– Que assunto é esse, Rafael? – diz Letícia.

– Eu nunca contei para você mamãe, porque você não ia acreditar em mim – diz o menino.

Marcos se aproxima do menino e insiste no assunto.

– Como era essa moça, Rafael?

– Ela é muito bonita. Tem os cabelos marrom e sardas no rosto. Ela é de pele clara e tem um sorriso lindo.

– Ela alguma vez falou com você, Rafael, essa mulher?

– Sim, mamãe. Mulher não, ela é uma jovem muito bonita! – diz Rafael.

– E o que ela disse filho, essa moça fantasma?

– Disse que eu tinha que ficar doente, mas que eu ficaria bom.

– Ela disse mais alguma coisa, filho? – perguntou Letícia.

– Disse!

– O que ela disse, Rafael?

– Disse que às vezes a gente precisa ficar doente para que as pessoas nos amem mais.

– Que loucura – disse Letícia.

– Provavelmente é algum dos mentores lá do centro espírita que estava cuidando do Rafael – disse Marcos.

– Olha Marcos, para agradecer a cura do meu filho eu sou capaz de ir até ao inferno, não importa! Mas acreditar em espíritos é o fim da picada.

– Você deveria abrir a sua mente Letícia. O espiritismo é muito bonito quando olhamos ele com o coração.

– Você não vai me convencer, Marcos, nem começa!

– Sem problemas, amor. Sem problemas!

– Mãe, não faz isso com o papai. Ele só quer ajudar.

– Ih, agora são dois.

– Que coisa feia, Letícia – adverte Marcos.

– Olha, lá vêm os seus pais, vamos encerrar esse assunto – diz Letícia, vendo que Joelmir e Nara se aproximam.

– Mas nós vamos ao centro no sábado né? – pergunta Marcos.

– Sim, vamos – diz Letícia.

Nara e Joelmir se aproximam de Rafael e trazem um presente que acabaram de comprar para o menino.

– Trouxemos esse presente para você, Rafael.

– Obrigado, vovô.

Amigo Fiel

– E trouxemos esse para o Leleco.

O cão fica feliz em receber uma nova bola para brincar.

– Pai, eu já posso ir ao parque brincar, com o Leleco neste fim de semana?

– Sim, Isadora já te liberou para correr e brincar meu filho!

– Que bom! Podemos ir hoje?

– Podemos sim meu filho, hoje tiramos o dia para você.

– Vamos agora, mamãe?

– Vamos almoçar, e depois passamos no parque para você brincar com o Leleco.

– Está bem mãe – diz Rafael acariciando Leleco.

Após o almoço, Rafael passa a tarde brincando com Leleco no extenso gramado da praça central da cidade. Nara, Joelmir, Isaura e Armando voltam à sua rotina, a vida segue seu curso natural. Todos felizes com a cura do menino Rafael.

A semana passa rapidamente, e o esperado sábado chega.

– Bom dia, amor!

– Bom dia! – diz Letícia beijando a face de Marcos.

– Olha eu vou até o posto lavar o carro e fazer as compras da semana, assim que voltar vamos almoçar para irmos ao centro espírita. A Isadora está muito feliz que iremos todos hoje lá no centro.

– Eu tinha me esquecido disso... tenho que ir mesmo?

– O quê? Você está de brincadeira né Letícia? Combinamos isso!

– Eu sei, mas é que eu tenho que resolver algumas coisas lá do escritório.

– Letícia, se você fizer isso comigo eu vou ficar muito chateado – diz Marcos.

Rafael chega à sala.

– É mamãe, você prometeu que iríamos ao centro espírita hoje – diz o menino.

– Dois contra um é covardia – diz Letícia.

– Mamãe, eu quero ir ao centro espírita, quero agradecer pela minha recuperação e saúde – diz o menino.

– Você esteve conversando com o Rafael sobre isso, Marcos?

– Não, claro que não, Letícia.

– Mamãe, sabe aquela moça que eu vi várias vezes no hospital?

– Sim, o que tem ela?

– Ela quer que eu vá ao centro do papai para agradecer.

– Como assim, Rafa? – pergunta Marcos.

– Essa moça disse que devemos agradecer sempre. Que a vida é aquilo que pensamos e se não agradecermos a

Amigo Fiel

Deus pelas coisas que Ele nos dá corremos o risco de sermos punidos pela desobediência.

– De onde você tirou isso, menino? – pergunta Letícia assustada.

– Eu sonhei com ela esta noite.

– Rafael, você agora está dando para mentir menino?

– Claro que não, mamãe. Eu sonhei mesmo com ela.

– Vocês querem realmente me convencer que o espiritismo ajudou na sua cura, Rafael. Seu pai andou colocando caraminholas na sua cabeça, não foi menino?

– Eu nunca conversei sobre isso com o Rafael, Letícia, ele já vai fazer treze anos, é um rapazinho.

– Olha, o assunto já está tomando o rumo que eu não gosto – diz Marcos – nós vamos ao centro espírita hoje conforme combinamos e pronto. Assunto encerrado. Estou indo ao mercado e ao posto de gasolina para lavar o carro. Assim que chegar estejam prontos, vamos ao restaurante, almoçamos e depois seguimos para o centro espírita. A sessão de palestra começa às três horas e eu quero estar lá para agradecer a Isadora e ao Miguel. Assunto encerrado, já falei.

Marcos pega a chave do carro sobre a mesa e sai sem tocar mais no assunto.

Rafael olha para Letícia assustado, mas feliz com a decisão do pai.

Letícia nada diz.

Leleco, assustado ao lado de Rafael, começa a brincar com o menino como se o chamasse para brincar fora de casa.

Rafael decide sair para brincar um pouco com Leleco.

Letícia volta aos afazeres da casa.

O Centro Espírita

Após o almoço todos se dirigem ao centro espírita, e, para a surpresa de todos, Nara e Joelmir estão sentados esperando por Marcos e Letícia. Rafael ao ver seus avós sai correndo para abraçá-los.

Miguel e Isadora estão sentados à grande mesa onde se sentam os dirigentes da instituição. Ao perceber a presença de Rafael, Isadora se levanta e abraça o menino.

– Oi Rafael!

– Oi Isadora – diz o menino abraçando carinhosamente sua médica.

– Como você está?

– Estou ótimo!

– E o Leleco?

– Ele ficou em casa.

– Da próxima vez traga-o aqui para o centro espírita, aqui os animais são sempre bem vindos – diz Isadora.

– Eu não sabia que ele poderia ter vindo – diz o menino.

– Sem problemas – diz a médica.

Amigo Fiel

Marcos e Letícia se aproximam de Isadora.

– Oi Isadora – diz Letícia beijando o rosto da amiga e doutora.

– Oi, que bom que você está aqui, Letícia.

– Nós é que agradecemos tudo o que vocês fizeram por nós, Isadora – diz Marcos beijando a amiga.

– Fizemos o que é certo, Marcos.

Miguel se aproxima do casal.

– Boa tarde Marcos!

– Boa tarde Miguel, essa é a minha esposa Letícia!

Miguel estende a mão e cumprimenta Letícia, que agradece ao cumprimento friamente. Marcos percebe a indiferença dela e se sente triste.

Rafael pega a mão do pai e pede para ele abaixar como se quisesse falar algo em segredo. Marcos atende a solicitação do filho e se abaixa para ouvir o menino.

– Diga Rafael.

– Abaixa aqui, pai!

Marcos atende a solicitação do menino.

– Não liga para a mamãe não, ela é assim mesmo.

Marcos não diz nada, mas se conforta com as palavras do menino.

– Venham, eu reservei um lugar bem ali na frente para vocês – diz Isadora pegando Letícia pelas mãos.

– Vamos – diz Miguel.

– Temos uma sala para as crianças, você quer ficar lá Rafael? – pergunta Miguel.

– Não senhor, muito obrigado!

– Sem problemas menino.

Rafael, Letícia e Marcos se sentam na primeira fileira para assistirem a palestra que é ministrada por Miguel naquele dia.

Miguel fala do amor de Jesus por todos os seus irmãos. Prega de forma carinhosa e perfeita o evangelho segundo o espiritismo. A palestra é linda e encanta a todos.

Nina e Ângelo estão presentes. De pé ao lado do palestrante eles intuem as palavras proferidas naquela tarde. Todos ficam emocionados quando Marcos pede a palavra no final da palestra e é convidado a subir no palco para dar o seu testemunho.

Marcos se levanta e vai até o palco onde são ministradas as palestras e aulas naquele lindo centro espírita.

Seguro e confiante ele começa a falar a todos:

– Senhoras e senhores muito boa tarde!

Todos os cumprimentam.

Amigo Fiel

– Venho aqui hoje feliz e emocionado agradecer a todos vocês pela cura do meu filho. Quando cheguei aqui vim convidado pela Isadora para conhecer esse lindo trabalho, e confesso que no começo me assustei, eu nunca poderia imaginar que veria algo tão lindo assim. Vocês estão de parabéns por tudo o que fazem pelo seus semelhantes. Eu nunca tive uma religião definida. Quando cheguei aqui cheguei católico e hoje sou um aprendiz do espiritismo. Meu filho, esse menino que está aqui, foi diagnosticado com leucemia há cerca de um ano e meio. Quando cheguei aqui, eu cheguei sem esperanças, desde muito novo o meu filho apresenta um quadro de doenças. Desde menino o Rafael é doente. Quando conheci os mentores espirituais desse lugar compreendi que temos que passar por muitas provas e que o Rafael tem sua própria prova a seguir. Descobri que podemos sim aliviar as provas e foi o que fiz... me dediquei a conhecer a doutrina espírita. Minha esposa não gosta muito do espiritismo, mas isso não me fez desistir. Somos livres como se ensinam aqui, assim ela pode seguir o que quiser, o que posso fazer é sempre que possível tentar explicar para ela que espiritismo não é macumba e nem magia, espiritismo é o encontro com o divino, o divino que existe dentro de cada um de nós. Essa semana pegamos o último exame do Rafael, e os médicos constataram que o meu filho está curado.

Todos aplaudem. Marcos prossegue:

– Eu aprendi que o amor é o melhor de nós. Aprendi que a humildade é o que nos aproxima de Deus, aprendi que é dando que se recebe e que quando perdoamos somos perdoados. Ainda hoje quando cheguei aqui fiquei ainda mais feliz porque nas fileiras deste centro espírita encontrei a minha mãe e o meu pai, pessoas que me criaram com dignidade e respeito e olha que eu nem os convidei, acredito isso ser coisa da Isadora, que se mostrou amiga em todos os momentos. A vida é feita de momentos, e eu quero neste momento agradecer a Deus pelo meu filho, pela minha esposa, pelos meus pais e por você Isadora, que não nos desamparou em nenhum momento, acredito sinceramente que o espiritismo te fez a pessoa que és. Obrigado por curar o meu filho, obrigado por minha família e obrigado por ter me apresentado essa doutrina de luz. Obrigado ainda aos mentores que visitaram o meu filho no hospital quando ele se tratava da leucemia. Meus sinceros agradecimentos ao Miguel, que abriu as portas dessa instituição e me acolheu como um filho desamparado e perdido no meio dessa multidão de pessoas que chegam aqui à procura de um ombro amigo, de ajuda, de compreensão e de amor. A todos, meus sinceros agradecimentos.

Isadora se levanta e abraça Marcos, que não contém as lágrimas e chora.

Letícia vai até os dois e os abraça.

Amigo Fiel

Todos estão emocionados.

Nina e Ângelo, os espíritos amigos que cuidaram de Rafael, estão felizes. Ângelo então brinca com Nina.

– Viu Nina, vale a pena ajudar!

– E como! – diz Nina.

Antes de terminar a reunião, Miguel pede a palavra e profere um linda prece de agradecimento. Nina e Ângelo se emocionam com as palavras do humilde dirigente espiritual.

Assim ele ora:

*Senhor Deus, estamos reunidos em teu nome esta tarde,
e Tú és o único motivo de nossas vidas.*

Nossa união, nosso amor e nossa cumplicidade só é possível porque compreendemos as palavras do nosso amado irmão Jesus, e todos os dias tentamos absorver os ensinamentos deixados por ele.

*Deus, tua luz está presente nesta casa,
e por isso somos gratos.*

*Deus, teu amor está presente nesta casa,
e por isso somos felizes.*

*Deus, a tua misericórdia está presente nesta casa,
e por isso estamos aqui.*

Estamos aqui para lhe agradecer pelo Rafael e demais pessoas que com tua graça e amor conseguimos ajudar.

Senhor, olhai por nós.

Senhor nós te rogamos, luz, paz, amor e felicidade para todos os dias que ainda restam em nossa existência.

Obrigado Pai de infinita luz.

– Graças a Deus! – Dizem todos.

A reunião termina com um pequeno lanche que é servido a todos.

A alegria e a felicidade tomam conta do lugar. Marcos se sente realizado, afinal, ele tem estudado muito o espiritismo.

Nina e Ângelo voltam ao mundo espiritual.

A prova

Lucas me procura e diz que precisamos conversar.

– Osmar, nós precisamos conversar sobre perdas – diz o mentor.

– Perdas, como assim?

– Agora sou eu quem lhe pede desculpas.

– Não faça isso, Lucas!

– Não me expressei corretamente.

– Você disse que quer falar sobre perdas, vamos falar então!

– O que é uma perda para você, Osmar?

– Depende!

– Depende de quê?

– De que tipo de perda, ora!

– O que você chama de perda?

– Perder alguém que eu amo muito é uma perda irreparável – disse-lhe.

– Você acredita na morte?

Amigo Fiel

– Não, claro que não, Lucas. Após tantas experiências em desdobramento, se existe alguém aqui que não acredita em morte esse alguém se chama Osmar Barbosa.

– Muito bem. Então por que você disse que perder alguém que você ama muito não é fácil?

– Na verdade, me afastar forçosamente de alguém que amo é muito complicado. Quando perdi a minha mãe eu sofri muito, quando o meu pai morreu eu também sofri muito. Fora amigos, familiares e pessoas que eu gostava muito.

– Então você acredita na morte?

– Não, na morte não, o que acontece é uma separação bruta, eu acho!

– Por que bruta?

– Ah Lucas, eu acho que as pessoas não deveriam se separar.

– Por que você acha isso?

– Porque é doloroso, dá saudade, a gente sente falta e tudo mais. É muito triste se despedir de quem amamos.

– Fica um vazio?

– Sim, fica um enorme buraco.

– E qual é o motivo da separação, você tem alguma opinião?

– Eu acho que a pessoa que morre é porque ela já cumpriu o tempo que tinha que ficar aqui, daí ela morre, quer dizer, desencarna e depois a gente vai se encontrar. Eu acho que é isso!

– Vou lhe explicar as separações.

– Nossa Lucas, eu quero muito saber!

– Então vamos lá; o corpo físico já nasce morrendo. Cada dia encarnado é um dia a menos na encarnação. Vocês estão predestinados à morte física para renascerem na vida espiritual. A separação, sendo ela branda ou grave, tem objetivos.

– E quais são?

– Primeiramente estreitar os laços de amor.

– E tem mais?

– Sim. Vocês precisam aprender a amar intensamente, e só se exercita o amor na perda, ou nas tragédias. É na perda que reavaliamos os sentimentos. É na perda que reavaliamos as atitudes. É na perda que revemos os conceitos, os valores, as mágoas, os sentimentos e os ressentimentos que nos uniram naquele ser que deixa de existir temporariamente para você. É na dor da perda que nos lembramos o quanto aquele ser é importante para nós. Quantos abraços poderiam ser dados. Quantos muito obrigado. Quantos sorrisos foram desperdiçados. Quantas palavras poderiam

Amigo Fiel

ter sido ditas. Quantos desencontros. Quanta ajuda poderíamos ter dado. Quantos sorrisos desperdiçados. Quantas alegrias desperdiçadas. Quantos amores... enfim, quanto tempo perdido.

– Verdade Lucas, infelizmente é a mais pura verdade. Só nos lembramos e nos damos conta de quanto amamos uma pessoa quando a perdemos.

– Não é perda Osmar. O que há é uma separação temporária.

– Eu acho sinceramente que não deveria ser assim.

– Qual a outra forma de se ensinar o amor?

– Sei lá. Não sei muito bem, deve ser porque eu não consigo me relacionar bem com a morte.

– Sua ou de outra pessoa?

– De todo mundo.

– A morte só existe para quem não conhece a palavra de Deus.

– Deus é o conforto, né Lucas?

– Deus é o amor em plenitude, Osmar.

– Eu sei.

– Portanto, não existe morte. As separações temporárias são necessárias a todos os espíritos. A morte e a separação são instrumentos que aprimoram o amor. Quando não temos, queremos, quando conseguimos, amamos.

– Somos tolos mesmo, não é Lucas!

– Não. Esse véu que lhes cobre a visão é necessário. Imagine se todos tivessem a certeza da vida após a vida.

– O que aconteceria?

– O número de mortes diariamente seria muito grande.

– Por quê?

– Porque na sua primeira dificuldade, você exterminaria a sua vida. Com a certeza da vida após a vida, vocês morreriam muito mais vezes.

– Quer dizer que a incerteza da vida após a vida é uma proteção?

– Sim, uma proteção à vida. Uma proteção divina!

– Ele tudo sabe e tudo vê. Por isso as coisas são assim, não é Lucas?

– Sim.

– Lucas, por que as comunicações dos desencarnados são sempre no sentido de confortar os que ficaram e não falam muito sobre a vida após a vida?

– A missão de contar como são as coisas após a vida física é dos espíritos que já ascenderam a um certo grau evolutivo.

Amigo Fiel

– Quer dizer que os espíritos que desencarnam não podem ficar contando como é a vida no outro mundo?

– Há regras que não podem ser quebradas aqui. Toda comunicação é supervisionada por espíritos superiores. Sendo assim as informações são sempre parecidas, mas sem muitos detalhes.

– Eu já observei isso. As comunicações não trazem muitos detalhes. Elas sempre falam de lugares bonitos, tranquilos e que estão sendo assistidos por algum familiar que se foi antes do comunicante.

– Olha, Osmar, não existe outro mundo tá. Que fique bem claro, é um mundo só. O que existe são universos diferentes, mas isso deixaremos para outra oportunidade.

– Sim Lucas.

– O espírito que precisa se comunicar, o faz mais pelo encarnado que sofre do que por ele mesmo. Aqui não há sofrimento. O que há é ensinamento e aprendizado.

– E por que isso?

– Na vida espiritual, tomamos ciência e consciência de como tudo funciona. Quando tudo isso é revelado, o espírito eterno que acaba de chegar aqui vê o quanto ele é tolo. Ele vê e lamenta pelo tempo perdido. E quando isso acontece (e isso é imediato) ele quer logo se ajustar à vida aqui. Por isso as comunicações são sucintas e diretas, sem muita perda de tempo. Mesmo porque dificilmente vocês acreditariam como são as coisas aqui.

— Mas se as comunicações fossem mais detalhadas talvez as pessoas acreditassem mais no espiritismo. Vocês ainda não estão preparados para saber como são as coisas aqui. Nós estamos fazendo esse trabalho. Estamos preparando vocês para a vida após a vida.

— É verdade. Lucas, o Rafael vai perder alguém?

— Não há perdas, Osmar.

— Perdoe-me Lucas. Alguém vai desencarnar?

— Sim.

— Meu Deus!

— Lembre-se Osmar, não há acasos. E tudo tem um motivo. E mais ainda... tudo passa.

— Certo, Lucas!

— Vamos ao livro.

— Vamos amigo! Mas antes você poderia pelo menos me falar só um pouquinho, mesmo que eu ainda não entenda como são as coisas por aí?

— Existem centenas de psicografias que relatam como são as coisas por aqui.

— Mas eu gostaria de saber por você. Pode ser?

Amigo Fiel

– Olha, Osmar, eu só vou te dizer algumas coisas, faça uma reflexão muito profunda sobre o que eu vou te contar agora.

– Por favor, Lucas, prometo que vou refletir sobre suas palavras.

– Quando acordar do sono da morte, a primeira coisa que você vai perceber é que está em um lugar muito diferente de onde você estava. Primeiro porque os lugares são diferentes mesmo. Aqui o sol é diferente, o céu é diferente, as flores são diferentes, as ruas são diferentes, os prédios são diferentes, as árvores são diferentes, os animais são diferentes e por fim os seres são diferentes. Você vai perceber que chegou em algum lugar extremamente diferente de tudo que você já viu no dia anterior à noite de sono. Sim, a sensação é de acordar, como acontece com você todos os dias após uma boa noite de sono.

– E o que acontece depois, Lucas?

– Depois você percebe que seu corpo está diferente, ele é mais leve, mais sutil e mais bonito. Daí você percebe que não precisa da primeira higiene do dia e logo percebe também que não sente fome, frio, sede, calor, necessidades comuns ao corpo físico. Logo ao acordar você vai se sentir diferente. Você vai começar a se lembrar das múltiplas vidas que teve, vai se lembrar das pessoas que você amou muito. Vislumbrado com tudo que acaba de perceber, você logo vai se lembrar das informações que lhe passaram sobre eternidade, e você vai se sentir eterno. Uma forte emoção vai se instalar em seu coração, primeiro a emoção da eternidade, depois a emoção do tempo perdido.

– Nossa!

– Logo você vai se encontrar com todas as pessoas que conheceu e amou, nessa e em todas as existências anteriores. Será um dia ou alguns dias de muitos reencontros e de muita, mas muita alegria. Você poderá visitar cidades iguais a que você se encontra sem precisar gastar nada. Você vai poder visitar outras dimensões e começará a compreender a grandeza do Criador. Logo uma grande emoção e sentimentos de determinação irão invadir o seu eu, você vai querer muito evoluir para poder conhecer tudo o que Ele criou para seus filhos. Você vai poder interagir com espíritos muito elevados, que darão a você uma noção do que é a vida além da vida, eles vão te falar das milhares de galáxias habitadas por espíritos, como você, que estão em evolução e você vai querer mais do que nunca conhecer tudo isso, você vai querer a todo custo conhecer todas as coisas de Deus.

– Meu Deus!

– Você vai poder rever todos os seus amigos de infância, não só desta vida, mas de todas as vidas que você teve. Você vai poder se reencontrar com todos os seus familiares

Amigo Fiel

e poderá saber de todas as encarnações que teve ao lado deles, você vai lembrar que algumas vezes você foi filho, e em outras você foi pai. Você vai lembrar do amor que sente por esses espíritos e ficará eternamente grato pelas oportunidades. Logo em seguida, você vai perceber que tolice é o medo da morte e sentirá pena dos que ficaram aqui e que ainda não perceberam a grandeza do Pai. Mas você se sentirá confortado, pois vai lembrar que o destino de todos os que ficaram é o mesmo que o seu.

– Nossa Lucas, que loucura.

– É melhor eu parar por aqui, você não acha?

– Não, pelo amor de Deus, me conta mais!

– Acho melhor você ficar com essas informações, não podemos nos empolgar, as pessoas ainda não estão preparadas para saber como tudo é realmente.

– Por que, Lucas?

– A humanidade vive um momento muito instável, os sentimentos estão confusos. Nós temos que ter cuidado com aquilo que revelamos.

– Mas por que Lucas?

– Osmar, essas informações são as realidades dos espíritos que desencarnam por motivos naturais e que já alcançaram o nível espiritual que permite a eles experimentarem isso. A maioria dos espíritos encarnados ainda não estão preparadas para habitar as colônias, a maioria vai passar algum tempo no Umbral. Os vícios, a ganância, a materialidade, a falta de amor próprio e ao próximo, a falta de caridade, a invigilância, a soberba, o ego e tudo aquilo que é comum nos dias de hoje afastam os espíritos de tudo o que te revelei acima. A regeneração bate à porta do planeta Terra, e infelizmente muitos não terão a oportunidade de experimentar o que revelamos acima.

– O que devemos fazer para sair do sono da morte e acordar nesse lugar que você revelou?

– Reforma íntima. Transformar-se todos os dias. Amar a teu próximo como a ti mesmo.

– Agora eu entendo por que vocês evitam revelar como é a vida após a vida.

– O número de suicídios é alarmante, Osmar. Por isso temos que ser prudentes em nossas revelações, daqui a pouco os encarnados vão se suicidar porque acham que vão direto para essas Colônias. Ledo engano meu caro amigo.

– Quais são os espíritos merecedores dessas colônias?

– Aqueles que se transformam, os que deixam de lado a materialidade, os que amam acima de tudo e por fim os caridosos. Lembre-se sempre das palavras de Cristo quando disse:

"Com toda a certeza vos afirmo que, se não vos conver-

Amigo Fiel

terdes e não vos tornardes como crianças, de modo algum entrareis no Reino dos céus."

– Como ser criança novamente, Lucas?

– Quando Jesus afirmou-lhes que é necessário vos tornar como criança, ele fala da pureza de sentimentos e da ingenuidade de amar. É assim que precisas se tornar para ser merecedor.

– Obrigado, Lucas, realmente precisamos nos transformar.

– Transforme-se e acordarás do sono da morte no paraíso que te revelei.

– Estou tentando, Lucas.

– Você está no caminho certo!

– Obrigado. E espero que essas palavras ajudem muitas pessoas a se tornarem crianças.

– Deus seja louvado – disse o mentor.

– Amém – disse-lhe.

"Sofremos na morte por não crer na vida!"

Osmar Barbosa

Irreparável dor

Sábado.

– Bom dia, Marcos! – diz Letícia.

– Bom dia, amor.

– Você não vai viajar com o Felix?

– Vou sim, e já estou atrasado.

– Então se arruma logo que eu vou preparar o café.

– Obrigado, amor.

Letícia se levanta e vai até a cozinha preparar o café para Marcos, que marcou com os amigos de participarem de um encontro dos amigos da faculdade em uma cidade distante. Todos os anos eles se encontram para relembrarem o tempo de juventude.

Marcos apressadamente toma seu banho, e coloca algumas roupas em uma mochila além de um tênis para a partida de futebol que é realizada em todos os encontros.

– O café está pronto, amor? – pergunta Marcos.

– Sim, sente-se aí querido – diz Letícia terminando de arrumar a mesa do café da manhã.

Amigo Fiel

– Você não vai levar o Rafael?

– Ele não quer ir este ano.

– Por quê?

– Não sei, ele me disse que vai sair com uns amigos.

– Ele deveria ir com você já que deixou de ir ao centro espírita. Vocês precisam ficar mais próximos.

– Talvez se você desse exemplo de centro espírita para ele, eu não precisaria ficar implorando para ele ir comigo, Letícia.

– Você tem sua religião, eu tenho a minha. O que faço da minha vida é problema meu, Marcos.

– Desculpe-me, já não está aqui quem te pede para acompanhar o marido no centro espírita.

– Tenho observado que o Rafael está muito sozinho. É ele e o Leleco o tempo todo, os poucos amigos que ele tem são meninos que não me inspiram confiança e você não faz nada.

– O que é que você quer que eu faça, Letícia?

– Converse com ele sobre esses amigos.

– Conversar o que, Letícia?

– Acho que aquele amigo dele, o Robson, usa drogas.

– Só porque o amigo usa não quer dizer que o Rafael vai usar.

– Não confio naquele garoto, ele e o Rômulo são esquisitos.

– Isso é coisa da sua cabeça, Letícia. Já conversei muito com o Rafael sobre isso, ele está terminando a escola, logo vai estar na faculdade e você sabe né, na faculdade as coisas são bem diferentes.

– É, eu sei.

– Pois bem, o negócio é e sempre será o diálogo, não adianta reprimir, tem que orientar, é isso que ensinamos lá no centro espírita.

– Lá vem você com essa conversa de centro espírita de novo.

– Tá bom, Letícia, não vamos mais falar desse assunto.

– Vê se não bebe e chega cedo.

– Não vou beber. Eu não bebo, Letícia.

Marcos se levanta contrariado, e sai para o futebol e o encontro com os amigos da faculdade.

Após uma hora de viagem, Marcos e Felix estão na estrada. O tempo começa a ficar ruim e a chuva cai torrencialmente.

– Vá devagar Felix, está chovendo muito, amigo! – diz Marcos.

– Essa máquina aqui é preparada para isso, Marcos. Está com medo?

Amigo Fiel

– Não se trata de medo e sim de segurança.

– Você está é ficando velho, meu amigo. Acabei de comprar esse carro, ele é seguro.

– Tenho que criar o Rafael, Felix!

– Deixa de bobagem amigo!

Após dez minutos, o silêncio é interrompido por uma longa freada.

Felix tem a sua frente um caminhão que trafega lentamente. Ele tenta uma manobra para ultrapassar o veículo. Seu carro derrapa, o acidente é inevitável. O veículo capota várias vezes, indo de encontro a uma árvore muito próxima a estrada.

Vários carros pararam para socorrer Marcos e Felix, mas ambos agonizam presos às ferragens do carro.

O inevitável acontece. Marcos e Felix perdem a vida.

Rafael está no seu quarto vendo tv. O rapaz sente uma forte angústia no peito. Parece pressentir o acontecido.

Letícia, sentada na sala, não percebe e nem imagina que acabara de ficar viúva.

A notícia chega em poucas horas. O desespero se instala. Marcos deixa o plano terreno.

Joelmir e Nara são trabalhadores do centro espírita. Apesar de tamanha perda são confortados por Miguel, que se coloca à disposição da família no momento da dor.

– Mãe, por que o papai morreu, por que Deus permitiu que isso acontecesse com o meu pai? – diz Rafael em lágrimas.

Todos estão muito abalados.

Letícia não encontra palavras para confortar o filho. Nara se aproxima e conversa com o neto.

– Meu amor, meu coração está em pedaços. Às vezes não conseguimos compreender por que Deus deixa que isso aconteça. Sua tia Francine está muito triste, seu avô nem se fala. Conheci o espiritismo quando ainda era uma menina, eu tinha mais ou menos a sua idade, Rafael. Sei que meu coração não condiz com as minhas palavras, estou arrasada e muito triste. Mas a certeza da vida após a vida de certa forma acalma meu coração. Marcos sempre foi um filho dedicado e amoroso. Como homem nunca me decepcionou. Você agora deve se espelhar no que o seu pai foi para nós e seguir seu caminho. Lembre-se dele como o amigo que sempre foi. Lembre-se do Marcos que tivemos ao nosso lado. Hoje é o dia mais triste da minha vida, mas Deus me dá forças para continuar. E é assim que você deve pensar. Pense que ninguém morre, que essa dor passa e que breve todos nós nos encontraremos na vida eterna.

– Vovó, eu até compreendo o que a senhora está dizendo, mas estou muito chateado com Deus, ele me tirou aquilo que eu mais amo. Vou fazer quinze anos no mês que vem,

Amigo Fiel

vovó, e como vai ser o meu aniversário sem o meu pai? Que alegria tenho agora para viver? Como vou viver sem ele?

– As respostas para a sua dor você encontrará nos ensinamentos de Jesus Cristo, meu neto. A vovó vai estar sempre por perto. Nunca se sinta sozinho, pois o amor que tenho pelo Marcos é o mesmo amor que sinto por você.

Rafael e Nara se abraçam e calados permanecem no velório de Marcos.

Todos estão muito tristes e abalados, afinal o Marcos sempre foi um exemplo de pai e um grande chefe de família.

Lucas me leva a um hospital no plano espiritual.

– Venha, Osmar, vamos acompanhar o Marcos.

– Onde ele está, Lucas?

– Venha comigo, não faça perguntas agora.

– Sim, desculpe-me.

Em desdobramento, Lucas me levou a um lugar extremamente escuro, haviam dois outros espíritos conosco. Eles vestiam uma roupa que lhes cobria a cabeça e ia até os pés. Uma espécie de capa branca que cobria o corpo todo.

O lugar era triste, escuro e havia uma névoa constante que ofuscava a tentativa de claridade naquele lugar.

– Estamos no Umbral, Lucas?

– Não – disse o mentor.

– Que lugar é esse?

– Estamos no paralelo.

– O que é isso?

– Entre a vida corpórea e as cidades espirituais ou colônias, como preferir, existem quatro estações de sofrimento.

– Como assim, Lucas?

– Entre a vida terrena e as Colônias Espirituais, existem zonas purgatórias. Centros de depuração das mazelas encantatórias.

– Você pode me explicar melhor?

– Sim, claro que sim, vamos lá: entre a encarnação e as cidades espirituais existem zonas de sofrimento para aqueles que não compreenderam a existência do bem maior.

– Umbral?

– Sim, o Umbral é subdividido, como sabes.

– Sim, eu sei que o Umbral é bem grande e subdividido em várias regiões. Que há o Vale dos Suicidas, as Cidades Depuratórias, o Educandário e muito mais.

– Pois bem, mas antes do Umbral existem dimensões, e essas dimensões têm suas particularidades. Cada uma tem um objetivo, cada qual no seu lugar e com sua vibração própria.

Amigo Fiel

– Nossa, agora fiquei perdido!

– Vou resumir para você.

– Por favor, Lucas!

– O Umbral se encontra no Astral inferior. Ele está muito próximo a crosta terrestre e se estende até as proximidades das Colônias reparatórias. Mas como todos sabem, o Umbral é um local de transição e é subdividido em diversas áreas, conforme a simpatia e afinidade dos espíritos. O Umbral possui divisões, escalas de ascensão até chegar ao Astral superior.

– A Crosta não é um local de habitação dos espíritos propriamente dito, mas sim uma dimensão no próprio plano terreno. Aqui, onde estamos agora, é onde encontramos alguns espíritos vagantes, errantes e sem rumo. A maioria nem sequer tem consciência de que aqui ainda estão, eles estão presos pelas suas vidas anteriores ou por não saberem que morreram, ainda não entenderam o que aconteceu com eles. A Crosta, como já disse, não é um local de habitação contínua, na verdade há uma intersecção entre o Umbral e a Crosta, então através do magnetismo (através de seu pensamento), é possível que o espírito em desequilíbrio possa alternar (muitas vezes sem consciência) entre um plano e outro.

– Isso foi porque ele não esperava morrer no acidente, ele está confuso, é isso?

– Sim, o Marcos está em perturbação e fica variando entre um plano e outro.

– E ele vai permanecer no Umbral?

– Você vai poder acompanhar e relatar tudo o que vai acontecer daqui em diante, Osmar.

– Desculpe-me, Lucas.

– Existem ainda dois lugares que vou te explicar.

– Vamos lá!

– Osmar, existe ainda o Limbo. Fique atento para o que eu vou explicar, que tanto o Umbral, quanto o Limbo e o Inferno que vou te explicar a seguir, estão localizados no Astral Inferior.

– Ok Lucas!

– Eles divergem apenas nas suas funções e nas densidades de suas construções.

– Entendi!

– O Limbo é um local incerto, onde ficam espíritos que perderam a capacidade de pensar ou se cristalizaram, que perderam qualquer capacidade cognitiva.

– Nossa!

– O Espírito quando desprendido da matéria, Osmar, tem como lembrar dos seus atos passados, de suas experi-

Amigo Fiel

ências e tem acesso aos conhecimentos acumulados, conjuntamente com a sua história.

– Interessante, Lucas!

– Pois é, os Espíritos que habitam o Limbo perderam essa capacidade. É lá que encontramos espíritos em muito sofrimento, pois eles perderam quase que completamente seus perispíritos.

– Meu Deus, e como vivem?

– Vivem enclausurados em si mesmos, vivem tão mal que não lhes permite externar nada. Alguns espíritos superiores conseguem lhes externar o pensamento e os ajudam a sofrer menos.

– Misericórdia Senhor! De que forma esses espíritos são ajudados?

– Eles, que perderam totalmente suas memórias, vão ter que passar por experiências de reencarnação para recuperar tudo, desde o início. Mas eles não perdem as experiências vividas, só ficam impossibilitados de acessá-las. Com o tempo, através de sucessivas reencarnações, conseguem recuperar o seu corpo espiritual, conseguem o refazimento do perispírito, e continuam sua evolução.

– Amor, não é Lucas?

– Sim, Ele nos ama profundamente, e sua misericórdia se estende a todos os lugares do Universo.

– E o tal Inferno?

– O Inferno é a zona mais profunda do astral inferior. É chamado assim porque os espíritos que se encontram lá se denominam demônios. É o lugar onde estão as figuras mais negativas. Porém, ao contrário do que todos pensam, os espíritos que habitam esse local estão completamente desinteressados do ser humano individualmente. Eles raramente se manifestam e veem os encarnados como insignificantes.

– Eles conseguem estar entre nós?

– Não. A sua vibração é tão baixa que eles não conseguem manifestar-se no plano terreno sem o concurso de outras entidades maléficas e negativas das zonas do Umbral.

– Você me assustou falando de Inferno.

– Não se assuste, Osmar, o Inferno é algo que você constrói dentro de si e carrega para onde quiser. Sendo assim, cultive bons pensamentos e boas atitudes, o resto o mundo espiritual já se encarregou de cuidar.

– Que bom, eu estava ficando assustado.

– Osmar, na verdade o Inferno é mais um estado de consciência. Se você não vibra com ele, ele não existe em você, se você não concorda com ele, ele não tem forças sobre você. Afinidade, entende?

– Sim, claro que entendi. Mas ele é físico no plano denso do Umbral?

Amigo Fiel

– É um estado de espírito, lembre-se disso.

– Obrigado, Lucas.

– Agora observe o que vai acontecer com o Marcos.

Naquele hospital haviam vários espíritos vestidos com aquela roupa que lhes cobria todo o corpo, sequer dava para ver o rosto daqueles trabalhadores. Mas eu pude observar que eram trabalhadores do bem. Silenciosamente e com uma certa lentidão eles transportaram o Marcos para uma sala branca, onde havia um pouco de luz.

Marcos foi colocado embaixo da luz e uma jovem chegou trazendo uma coberta. Ela cobriu todo o corpo de Marcos, que começou a respirar ofegantemente. Aquilo me assustou. Lucas percebendo se aproximou de mim e disse:

– Não se assuste, o Marcos está recebendo uma carga fluídica para despertar e depurar-se do acidente. Logo ele será levado para uma Colônia.

– Por que eles estão fazendo isso com o Marcos?

– Algumas mortes repentinas causam lesões na consciência do espírito. Essas lesões podem virar danos. Assim, logo após o trauma o espírito é trazido para essa região para depurar o sentimento da dor.

– Quer dizer que o Marcos está sentindo a dor do acidente?

– Sim, ele acha que não morreu, e que ainda está preso às ferragens do carro. Aqui esses médicos retiram dele essa impressão e o despertam para a realidade atual.

– Mas se ele acordar neste lugar ele vai se sentir pior, afinal esse lugar é horrível.

– Ele não vai ser acordado, ele vai ser despertado.

– Como assim, Lucas?

– Acordar é uma coisa. Despertar é outra.

– Entendi, ele vai ser conscientizado do seu estado espiritual, é isso?

– Sim, ele vai ser conscientizado que não está preso às ferragens do carro e acordará em uma Colônia Espiritual, pois é merecedor da Colônia.

– É um desligamento, é isso?

– Sim, ele está sendo desligado do sentimento.

– Perfeito!

– Tudo por aqui é perfeito, Osmar.

– Não tenho dúvidas disso.

Logo que terminaram o trabalho, dois jovens chegaram e levaram o Marcos para fora daquele lugar. Pude ver eles caminhando lentamente, carregando o corpo de Marcos em uma maca para dentro de um nevoeiro.

Amigo Fiel

– Eles estão indo para a Colônia?

– Sim, Osmar, agora o Marcos vai acordar e compreender tudo o que aconteceu com ele.

– Ele vai sofrer, não é Lucas?

– Às vezes sim, outras vezes não sofremos com essas separações.

– Por quê?

– Quando compreendemos que elas são temporárias, tudo fica mais fácil

– Verdade. Obrigado por esses lindos ensinamentos, Lucas.

– Eu é que agradeço a oportunidade, Osmar. Vamos embora.

– Sim, vamos.

Retornei às minhas humildes tarefas diárias.

Onde vivem os animais

Lucas me convida a visitar uma colônia espiritual construída especialmente para receber os animais.

– Osmar, quero lhe convidar para visitar uma Colônia Espiritual onde são recebidos, tratados e cuidados os animais. Você gostaria de ir?

– Claro que sim, Lucas.

– Então vamos.

Chegamos a uma Colônia muito bonita. Há ruas e lindos campos gramados. Pude ver um enorme hospital veterinário e alojamento para os espíritos que trabalham naquele lugar.

As seis casas que contei são rosas e tem as janelas pintadas de azul. Há roseiras nos jardins que enfeitam o lugar.

Pássaros sobrevoam nossas cabeças como se nos cumprimentassem pela chegada. O lugar é lindo e encantador.

– Essa é uma Colônia para animais, Lucas?

– Sim!

– Mas onde estão eles?

Amigo Fiel

– Nos alojamentos e no hospital.

– Não estou escutando latidos nem nada!

– Eles não usam o latido para se comunicar aqui.

– O que eles usam?

– O pensamento, assim como nós!

– Imagine escutar o que um cão tem a dizer pelo pensamento.

– Você vai se surpreender, Osmar.

Estávamos caminhando, eu e o Lucas, em direção a um pequeno prédio de dois andares. Pude ver ao longe que um homem estava de pé a frente do prédio nos esperando.

– Olha Lucas, tem alguém nos esperando.

– É o Ângelo.

– Quem é ele?

– O dirigente deste lugar.

– Ele é quem cuida dos cachorros?

– E gatos.

– Aqui ficam os cachorros e os gatos?

– Alguns.

– Como assim?

– O Ângelo vai lhe explicar.

– Ok Lucas!

Estamos bem próximos do Ângelo quando ele desce as escadas que dão acesso ao lugar para nos cumprimentar, ele nos recebe de braços abertos.

– Sejam bem vindos, meus amigos – disse o jovem rapaz.

Ângelo tem aproximadamente um metro e sessenta e cinco, usa uma roupa discreta. Tem cabelos negros e barba por fazer. Simpático e alegre, ele nos recebe. Ele aparenta ter uns vinte e cinco anos.

– Olá querido Ângelo. É um prazer estar aqui com você – diz Lucas.

– O prazer é meu em recebê-los.

– Esse é o Osmar.

– Seja bem-vindo ao Rancho Alegre. Osmar.

– Obrigado senhor.

– Deixe o senhor de lado. Pode me chamar de Ângelo.

– Perdoe-me e obrigado.

– Venham, vamos entrar.

Entramos no prédio. Havia uma jovem menina na recepção que fez questão de nos cumprimentar.

– Essa é a Eliza, Osmar.

Estendi a mão e cumprimentei a jovem de cabelos loiros e de olhos azuis.

Amigo Fiel

– Bom dia Lucas – disse Eliza.

– Bom dia Eliza.

– Vamos entrar rapazes – disse Ângelo.

O prédio é bem bonito, as salas são pintadas de verde claro e o ambiente é sereno e bem claro. Ângelo nos convidou para sentarmos em um pequeno auditório. E lá sentamos.

– Sentem-se meus amigos.

– Ângelo, eu trouxe o Osmar para que você explique para ele como são tratados os animais, como está organizado o mundo espiritual para esses seres.

– A vida após a vida sempre esteve organizada Osmar – disse Ângelo.

– Eu percebo isso em meus desdobramentos.

O mentor prossegue:

– Quando o planeta foi preparado para receber os espíritos, todos os setores de apoio evolutivo já se encontravam estabelecidos. Todos nós já experimentamos os reinos necessários à formação de nossa psique. Assim, seguindo a vontade do Criador, estamos evoluindo.

– Os animais seguem o mesmo roteiro?

– Sim, toda a criação segue o roteiro evolutivo. Uns evoluem mais rápido, outros nem tanto.

– Isso eu já compreendi.

– Os cães são nossos primos mais pobres, se assim podemos dizer, embora não haja pobreza de espírito nesses seres. Pelo contrário, são espíritos nobres que experimentam com resignação as encarnações expiatórias.

– Eles já viveram na forma humana?

– Não, mas estão muito próximo disso – diz Ângelo.

– Como se organiza essa Colônia, todos os cães e gatos vem para cá?

– Não, Osmar, só ficam aqui aqueles que precisam de maiores cuidados.

– Como assim?

– Assim como o espírito precisa de refazimento após uma encarnação, os animais também sofrem as mesmas mazelas da alma. Sendo assim, eles precisam de refazimento perispiritual para voltarem a encarnar.

– Você pode me dar um exemplo?

– Sim, claro que sim – prossegue Ângelo – Um espírito encarnado quando desencarna vítima de câncer é recebido nas Colônias de refazimento perispiritual para repararem as lesões perispirituais causadas pela quimioterapias ou as radioterapias, que como todos sabemos causam sérias lesões ao perispírito. Animais também possuem perispírito, Osmar, sendo assim, qualquer lesão causada ao animal precisa de refazimento.

Amigo Fiel

– E quando eles precisam são trazidos para cá, é isso?

– Exatamente assim, essa é uma das Colônias que fazem isso.

– Existem outras, o Lucas já me falou sobre isso!

– Todas as Colônias trabalham para o bem estar da humanidade.

– Quantos animais vivem aqui?

– Hoje internados temos doze mil cães e nove mil gatos.

– Além desses tem mais alguns?

– Sim, além dos que estão em tratamento, temos mais dezesseis mil moradores.

– Moradores, como assim?

– Alguns cães e gatos estão ligados a espíritos por muitas vidas. E quando desencarnam ficam esperando uma nova oportunidade de estar com seus afins. Assim ficam durante um período aqui na Colônia.

– Quer dizer que a minha cadela está ligada a mim por outras vidas é isso?

– Sim, somos seres em evolução e estamos ligados uns aos outros por sentimentos.

– Mas um cão será um cão eternamente?

– Não, um dia ele irá experimentar em outra forma para evoluir.

– E eu vou me encontrar com ele em outra forma? Quer dizer que meu cão pode se aproximar de mim como um outro animal por exemplo?

– Sim, somos espíritos ligados uns aos outros pela eternidade.

– E por que eles vivem como cães?

– Como assim, o que você quer saber?

– Por que meu cão é um cão, qual a finalidade do espírito encarnar com cão?

– Osmar, o espírito de um cão é um cão, não confunda espírito que já adquiriu e experimentou a forma humana com espírito de animais, estamos em estágio diferente. Animais expiam como animais e homens expiam como homens.

– Isso eu já entendi.

– Então o que queres saber?

– Por que existem os cães?

– Para te ensinar a amar – disse Lucas.

– Fidelidade, lealdade e amor – completou Ângelo – Eles são o presente de Deus. São criaturas que amam incondicionalmente, perdoam sem ressentimentos e são leais até a morte.

– Isso é a mais pura verdade – disse-lhe:

Amigo Fiel

– Osmar, tudo o que Ele criou tem um propósito na existência. Nada se perde. Tudo está intrinsecamente ligado. Estamos indo em direção a perfeição desejada e imposta pelo pai a todos os seres da Criação.

– Lucas me falou que eles se comunicam aqui através do pensamento. Fiquei pensando como seria conversar com um cão através do pensamento.

– Assim como nós estamos conversando agora. A única diferença é que os animais são inferiores no seu intelecto, assim nossa conversa mental se resume a poucas palavras.

– Como assim?

– Por exemplo, quando o cão está triste ele diz "estou triste". Isso eu posso ouvir e lhe ajudar. Mas ele não sabe me explicar por que está triste. Ele ainda não desenvolveu o intelecto para justificar sua tristeza. Entende?

– Sim, mas por que ele fica triste?

– Porque o sentimento da tristeza é algo que ele precisa começar a sentir para poder ascender à vida espiritual.

– Entendi, quer dizer que ele tem sentimentos que ele ainda não compreende, mas que são necessários para ele crescer como espírito.

– Isso mesmo, Osmar. É experimentando que todos evoluem.

– Eles sofrem?

– Não, jamais sofrerão. Os animais são o amor de Deus se expressando em sua essência.

– Que legal.

– Então os diálogos aqui são curtos.

– Sim, eles falam pouco e nós compreendemos que eles ainda não entendem e conversamos pouco com eles.

– Posso visitá-los?

– Sim.

– Quando um cão morre ele vem direto para cá?

– Só se precisar de refazimento.

– E se não precisar?

– Existem dezenas de Colônias intermediárias.

– Eles ficam nelas?

– Sim, a maioria fica nas intermediárias esperando por um novo corpo para reencarnar.

– Qual é a população de espíritos de animais sobre o Orbe terreno?

– Bilhões – diz Ângelo.

– Você não sabe o número preciso?

– Não consigo, porque existem Colônias Espirituais para animais em todo o planeta e nós não temos controle sobre o planeta.

Amigo Fiel

– Quem tem?

– Jesus.

– Até isso ele governa?

– Sim, Jesus é o governador espiritual da Terra. Auxiliado por espíritos como o Ângelo, Jesus administra tudo – diz Lucas.

– Agora vamos visitar as enfermarias, Osmar – diz Ângelo.

– Será um prazer amigo.

Saímos do prédio e nos dirigimos ao Hospital que fica do outro lado da rua. Entramos e fomos recebidos por Nice, uma linda jovem enfermeira que me mostrou todas as enfermarias. Vi cães e gatos ligados a tubos com fluidos coloridos. Todos estavam dormindo. O lugar é limpo e muito organizado.

Após a visita, agradeci a Nice e voltamos para o prédio da administração para nos encontrarmos novamente com Ângelo.

– Ângelo agora temos que ir embora – disse Lucas.

– Quero te agradecer pela oportunidade, Ângelo – disse-lhe.

– Nós do Rancho Alegre é que agradecemos pela oportunidade de afagar corações sofridos daqueles que se separaram temporariamente de seus amiguinhos de estimação.

Leve essa mensagem a todos e diga-lhes que os animais, assim como os encarnados, não morrem e estão ansiosos pelo reencontro.

– Pode deixar Ângelo, vou colocar palavra por palavra no livro.

Nos abraçamos e saímos da Colônia Rancho Alegre.

No caminho...

– Lucas, tudo o que você me mostra tem um propósito. Tudo o que você relata neste livro antecede a um acontecimento. O que será que vem agora? O que vai acontecer ao Rafael?

– Venha, observe!

"Os animais estão na nossa vida para nos ensinar o significado do amor."

Osmar Barbosa

A despedida

Um domingo no verão.

– Acorda Leleco, deixa de ser preguiçoso – diz Rafael se levantando.

Leleco permanece deitado com o olhar perdido.

Rafael se ajoelha próximo a cama de Leleco e o pega no colo. Percebendo que seu fiel amigo não está bem ele se dirige ao quarto de Letícia.

– Mãe, o Leleco não está legal!

Letícia pega o cão das mãos de Rafael.

– Leleco, Leleco o que você tem menino?

Rafael fica desesperado em ver que seu amigo não está bem.

– Vamos para o veterinário mãe?

– Vamos filho, espera eu trocar a blusa.

Rapidamente eles chegam a clínica veterinária do Dr. Geraldo.

Após ser examinado o médico traz a triste notícia.

– Letícia, eu lamento mas o Leleco faleceu.

Amigo Fiel

Rafael não consegue conter as lágrimas e chora compulsivamente.

Letícia abraça o filho chora junto com ele.

– Podemos levar o corpo dele doutor?

– Claro que sim meu rapaz, me perdoe, ele teve uma parada respiratória e não resistiu.

– Sem problemas doutor. Obrigado por ter cuidado de Leleco por todos esses anos.

Emocionado, Geraldo traz o corpo de Leleco enrolado em uma toalha azul.

– Obrigado Geraldo por tudo – diz Letícia.

– Eu lamento Letícia – diz o médico.

– Vamos mãe, vamos para casa – diz Rafael.

Letícia e Rafael fazem uma linda cova no jardim florido cuidado com amor por seu avô. Leleco é enterrado sob forte comoção e tristeza.

Rafael está arrasado.

– Para onde foi a alma do Leleco, Lucas?

– Para Rancho Alegre.

– Ele vai ficar com o Ângelo?

– Sim, por hora esse é o destino de Leleco.

Eu senti uma tristeza enorme naquele momento. Mas

como eu tive o prazer de conhecer a Colônia Rancho Alegre, eu fiquei mais conformado. Porém, ver Rafael daquele jeito me preocupou.

– Será que o Rafael vai suportar a perda Lucas?

– Vamos ver, vamos ver – disse o mentor.

"Viver é sempre a melhor opção!"

Osmar Barbosa

Eu estava preocupado com Rafael. Passaram-se alguns dias e o Lucas me procura para continuarmos a escrever o livro.

– Oi Osmar!

– Olá Lucas, eu estava ansioso pelo nosso encontro. Como está o Rafael?

– Antes de te mostrar como anda o Rafael quero te falar de algo que todos precisam aprender.

Eu pensei "meu Deus o que vem por aí?"

– O que é que você tem para nos ensinar agora, Lucas?

– Eu já falei anteriormente sobre o suicídio, mas quero reforçar essa questão porque vivenciaremos algo que é rotina na encarnação atual. Muitos espíritos perturbadores estão levando seus obsidiados a cometerem o suicídio. Existem alguns sinais aos quais todos tem que ficar atentos, e é sobre isso que desejo falar.

– Vamos lá, Lucas, pode falar meu amigo!

– Osmar, muitos dos suicídios que ocorrem nos dias de hoje são pela obsessão.

– Como assim, Lucas?

– Somos espíritos muito endividados. Nossas dívidas estão sendo cobradas, pois como todos sabem o planeta Terra está deixando de ser um planeta de provas e expiação e está adentrando a regeneração.

Amigo Fiel

– Sim, o espiritismo tem nos alertado sobre este momento.

– E o que é a regeneração, Osmar?

– Na verdade eu entendo como uma transformação, estamos saindo de um estado e entrando em outro. Estamos em transformação.

– Isso mesmo. Deixa-se para trás um período de expiação e se adentra a um período onde o amor será mais constante. Isso não garante um amor total, mas as atrocidades e as mazelas ficam esquecidas.

– Sim, sabemos disso.

– Pois bem, assim como vocês estão tendo consciência deste novo período, os espíritos desencarnados também estão sabendo dessa transformação.

– Certamente todos nós estamos sendo informados sobre esse período.

– Aqueles que se encontram na erraticidade, e que sabem que não vão mais poder encarnar, estão desesperados – diz Lucas.

– Não tenho dúvidas disso, Lucas.

– E o que é que você acha que está acontecendo?

– O aumento da violência é um dos sintomas disso, eu acho!

– Exatamente, e por que a violência está aumentando?

– Estamos sofrendo uma influência maior dos espíritos que não terão mais como reencarnar e querem se vingar?

– Isso mesmo, Osmar, vocês estão sendo influenciados por seus amigos e por seus inimigos.

– Como assim, Lucas?

– Os benfeitores estão defendendo seus assistidos, os malfeitores tentando pela última vez realizarem suas vinganças.

– Meu Deus eu não tinha pensado nisso!

– Mas essa é a realidade da vibração espiritual atual do planeta Terra. Vocês estão em risco. E nós estamos lutando muito para proteger a todos.

– É por isso o número maior de mortes violentas, é por isso que há tanta maldade na nossa vida?

– Sim, os seus inimigos, sabendo que não poderão mais reencarnar, estão tentando a todo custo realizarem a sua vingança.

– Meu Deus! E Deus permite isso?

– Ele permite tudo. Você é o responsável pela semeadura, mas também é o único responsável pela colheita.

– Entendi, quer dizer que esses inimigos espirituais que temos estão tentando se vingar daquilo que fizemos a eles em algum momento da nossa existência?

Amigo Fiel

– Isso, colheita, Osmar, colheita.

– E agora, o que faço?

– Você?

– Sim, será que tenho inimigos que querem se vingar de mim?

– Todos nós temos desafetos. O que você tem que fazer é orar por seus desafetos. Porque é a oração que transforma.

– Orai e vigiai?

– Sim, ore sempre pedindo a Deus que o mal que tenhas feito em algum momento seja reparado, seja transformado em perdão e amor.

– Dessa forma eu consigo me livrar dos meus obsessores?

– Essa é uma das formas, a mais importante de todas é transformar seus sentimentos e suas atitudes. Quando você se aproxima da luz o que não é luz não consegue te ver, e se não te vê, não te atinge.

– Meu Deus! Como eu transformo meu caminho em luz?

– Pensamento, atitude, sentimento, caridade e amor.

– Você pode resumir?

– Pense sempre com bondade. Tenha sempre atitudes positivas. Transforme pensamentos ruins em sentimentos bons. Faça caridade. Viva no amor.

– É isso que tento todos os dias, Lucas.

– Você está indo bem.

– Sério?

– Sim, continue assim.

– Obrigado Lucas.

– Olhe, Osmar, quando não vigiamos, recebemos a visita indesejada. Muitos obsessores estão se estabelecendo na terra e disseminando disputas políticas e sociais a fim de desestabilizar a moralidade, e através da desmoralização introduzem a rebeldia, e através da falsa liberdade, as drogas, a promiscuidade e a libertinagem, assim contemplam seus adversários com o suicídio, direto ou indireto.

– Nossa! O que temos que fazer para nos livrar disso, Lucas?

– Não há muito o que fazer.

– Como assim?

– Resgates aliado a regeneração. Última porta, lembra?

– Última porta?

– Ele disse: *"Entrai pela porta estreita, pois larga é a porta e amplo o caminho que levam à perdição, e muitos são os que entram por esse caminho."* E mais... *"Porque estreita é a porta e difícil o caminho que conduzem à vida, apenas uns poucos encontram esse caminho! Pelo fruto se conhece a árvore."*

Amigo Fiel

– Nossa Lucas que ensinamento, obrigado!

Prossegue o mentor:

– *"Aquele que tem ouvidos para ouvir, que ouça!"*

– Obrigado Lucas. Ficarei atento!

– Ouça sempre a boa voz que insiste lhe dizendo faça o bem! Fique atento aos sentimentos. Transforme-se todos os dias. Não se importe com as opiniões alheias, faça hoje, não perca tempo. Transforme-se todos os dias.

– É isso que tenho feito em minha vida e é o que aconselho à todas as pessoas que cruzam o meu caminho, Lucas.

– Vá em frente, siga levantando a bandeira do amor.

– Obrigado Lucas.

O pecado da vida

Rafael está em seu quarto com Robson e Rômulo, seus amigos. Eles estão fumando maconha. Letícia está longe de casa, ela está no escritório olhando alguns projetos, afinal após a morte de Marcos e o Rafael ter se livrado das febres, ela agora pode se dedicar a sua carreira de arquiteta.

Rafael vive um momento de muita tristeza, quase não vai a aula. Seus amigos chegaram para visitá-lo e trouxeram drogas para usar.

Letícia não tem se importado muito com o filho que vive muito próximo a uma depressão. Magro e com os cabelos e barba sem fazer há bastante tempo, Rafael amarga a solidão e vive triste.

Robson e Rômulo chegam à casa de Rafael e se dirigem para o quarto de Rafael. Rômulo se senta na cadeira que fica na cômoda e logo começa a preparar um cigarro de maconha.

— E aí amigo, quando é que você vai voltar para a escola, cara?

Amigo Fiel

– Não sei, não estou muito afim de estudar.

– Cara, mas tem que estudar irmão – diz Robson.

– Irmão, depois que o meu pai e o Leleco morreram, a minha vida não tem mais sentido.

– Não pensa assim não, cara. Fuma aí que você melhora.

Rafael toma o cigarro de maconha das mãos de Rômulo e fuma sem parar.

Dois obsessores estão acompanhando os rapazes e se deliciam dos fluidos expelidos pelos usuários.

Após algumas horas, os amigos deixam a casa de Rafael, que decide dar uma volta com eles.

Os três passeiam pelo parque próximo à casa de Rafael, aquele mesmo que ele brincou toda a sua infância com Leleco e seu pai.

Rafael está muito triste. Os amigos percebendo a tristeza de Rafael decidem ir embora e deixam o rapaz sozinho no parque. Afinal, eles não querem viver a tristeza do amigo.

– Ai amigo, nós vamos embora, tudo bem?

– Podem ir, eu vou ficar mais um pouco por aqui.

– Vê se melhora, cara.

– Vou melhorar, quando eu morrer eu vou melhorar.

– Legal, você é que sabe da sua vida. Mas vê se aparece na escola.

– Podem ir, eu vou ficar mais um pouco por aqui – insiste Rafael.

Rafael fica observando os amigos se distanciarem e a angústia aumenta ainda mais. Ele está decidido a acabar com sua vida. Seus avós quase não o procuram. Após a morte de Marcos, Joelmir e Nara quase não visitam o rapaz. Armando e Isaura vivem viajando aproveitando a velhice.

Rafael é triste. A ausência de Leleco deixou um vazio enorme no rapaz. Ele chora todas as noites ao lembrar-se dos carinhos de Marcos e das brincadeiras de Leleco.

– Onde está meu amigo?

Essa é a pergunta que fica solta ao ar.

Rafael decide ir ao prédio da escola e de lá se jogar. Ele está decidido a dar fim a sua vida. Tudo pronto, o plano está traçado. O rapaz não quer mais viver com essa dor.

No dia seguinte, Rafael acorda cedo, toma banho, faz a barba e se arruma para a escola. Ele arruma a sua mochila com poucas coisas. Dentro de um envelope pardo ele leva uma carta que escreveu durante a noite para sua mãe e seus familiares.

Amigo Fiel

A carta diz assim:

Oi mãe, oi meus avós.

Não foi fácil tomar essa decisão.

Eu não quero viver sem o meu pai e principalmente sem o Leleco. A vida para mim não tem sentido.

Leleco e papai eram meus melhores amigos.

Eu nunca tive amigos mesmo, então agora não faz diferença.

Não quero mais a vida que tenho hoje. Eu vivo trancado no meu quarto. Nem as drogas me fazem mais feliz. Nem elas me libertam do sofrimento que é viver sem o Leleco.

Quero pedir desculpas a vocês por ter feito o que fiz, mas é o que eu quero. Eu não tenho sonhos. Meus sonhos terminaram quando papai e Leleco morreram.

Não sei se existe uma vida após a minha morte. Quando eu era menino e ia ao centro espírita com o papai, um moço lá dizia que a vida continua após essa vida. Se existe, eu quero experimentar. Se não existe, termina aqui a minha vida.

Mãe, me perdoa e viva feliz.

Com amor, Rafael.

Infelizmente o plano de Rafael funcionou, ele chegou na escola, esperou todos os alunos entrarem e se jogou do sétimo andar morrendo imediatamente.

Eu ali assistindo tudo ao lado de Lucas fiquei muito triste, mas confiante de que nossa história não termina com o suicídio de Rafael.

– Que triste, Lucas.

– Muito triste mesmo, Osmar.

– Por que ele fez isso?

– Pelos motivos que escreveu na carta.

– Poxa, mas não teve ninguém para tirar essa ideia da cabeça dele, Lucas.

– Somos o resultado de nossas escolhas, Osmar.

– Não acho justo.

– Como assim?

– Penso que deveria haver um anjo, sei lá um protetor que deveria proteger o Rafael e não deixar ele fazer isso.

– Acima falamos sobre semeadura, lembra?

– Sim, claro que lembro!

– Você está chateado?

– Sim.

– Você está muito humano para ser espírito, Osmar.

– Ser humano é não desejar que o outro sofra, Lucas.

– Desejar que o outro não sofra não é ser humano, é ser bom e isso você é. O que aconteceu com o Rafael é que em

Amigo Fiel

sua programação encarnatória esse suicídio estava programado, por isso você não viu ninguém nem nenhum espírito protetor tentar persuadi-lo a não praticar tal ato.

– Poxa vida, Lucas, perdoe-me o julgamento. Esqueci essa lição.

– Qual lição?

– Não julgue aquilo que você não sabe e não conhece. Todos nós temos histórias anteriores a esta que estamos vivendo. Não conhecemos o passado dos outros, por isso temos que aprender a ver e não se meter. Não julgar!

– Muito bom, Osmar.

– Agora posso te perguntar uma coisa?

– Sim, claro!

– Por que você falou que eu estou mais humano que espírito?

– Porque você está encarnado. E quando estamos encarnados olhamos mais com os olhos da carne e menos com os olhos do espírito.

– Entendi, os olhos da carne são os olhos da materialidade e os olhos do espírito são os olhos do desprendimento e da evolução.

– Muito bom, Osmar.

– Obrigado Lucas.

– Agora vamos acompanhar o Rafael.

– Sim, vamos.

"A vida ressurge na esperança e no amor."

Osmar Barbosa

O resgate

Lucas me convida para ir com ele em uma região do Umbral. Lá encontramos com Ângelo, que nos aguardava na beira de uma estrada de terra batida. O lugar não era muito escuro e nem lamacento como costumam ser as regiões do Umbral. Eu observei tudo, mas permaneci calado esperando pelas instruções do amigo mentor.

Como sempre, Ângelo nos recebe de braços abertos. Nos abraçamos e eu não pude deixar de perceber a alegria do Ângelo.

– Você está feliz, Ângelo?

– Sim, Osmar, estou muito feliz.

– Você pode me explicar sua felicidade?

– Sim, claro é para isso que estamos aqui.

– Vamos caminhar meus amigos – sugere Lucas.

– Sim, vamos caminhando e conversando, pode ser, Osmar?

– Sim, claro Ângelo.

– Onde estamos indo?

Amigo Fiel

– Estamos indo buscar o Rafael – diz Lucas.

– Eu tinha imaginado que ele estaria aqui no Umbral.

– Por quê Osmar?

– Ele cometeu suicídio, e sabemos que os suicidas vem para cá.

Ângelo intercede e começa a falar.

– Meu amigo, Osmar, antes do encarne, Rafael havia combinado que o suicídio faria parte da sua última encarnação. Sei que o Lucas já lhe explicou isso, mas há mais mistérios nas leis de Deus do que compreensão em nossa cabeça. Assim, nós estamos indo buscar o Rafael porque o Leleco, que sempre esteve ao lado dele, cumpriu uma tarefa evolutiva entre nós.

À frente eu pude ver uma carroça feita de madeira puxada por dois cavalos brancos. A carroça reluzia naquele ambiente escuro, logo tive a certeza que ela tinha sido criada para aquele momento, era uma carroça fluídica. Havia dois rapazes sentados na parte de cima da carroça, que estava parada aguardando a nossa aproximação. Um deles guiava e o outro estava sentado ao seu lado. Eram dois cocheiros, jovens e sorridentes. Logo que chegamos eles nos cumprimentaram.

– Quem são esses rapazes, Lucas?

– É a carroça do resgate, dentro dela é como uma ambulância, tem maca, coberta, água e outras coisas mais.

– Na Antiguidade, Osmar, eram assim as ambulâncias. Quando não haviam os carros motorizados eram esses veículos que faziam os resgates e socorriam as pessoas. Elas foram muito usadas na primeira grande guerra.

– Mas por que um veículo tão antigo aqui? – perguntei.

– Ela não faz barulho – disse Ângelo.

– Barulho aqui é complicado, Osmar, existem muitos espíritos que vagam a procura de luz. Qualquer descuido nosso pode atrapalhar o resgate.

– Sim, eu passei por isso na psicografia do livro *Cinco Dias no Umbral*.

– Então você já sabe do que estamos falando.

– Sim, vamos nos manter em silêncio. E onde está o Rafael?

– Próximo a este lugar que estamos agora.

– Ele está no Vale dos Suicidas?

– Não – disse Lucas.

– Ele está nos esperando, Osmar – disse Ângelo.

– Então ele está acordado, está bem?

– Sim, ele está acordado e bem, está esperando o resgate.

– Quanto tempo ele ficou aqui?

– Três longos anos.

– Mas parece que foi ontem.

Amigo Fiel

– Nem tudo que parece é realmente. Nossa mente vive em outra dimensão.

– Como assim, Lucas?

– O tempo no plano dos encarnados é muito diferente do plano dos desencarnados.

– Sim, isso eu também já estudei.

– Um ano para você, é como um dia para nós, ou vice-versa.

– Sim, eu sei disso. Mas só agora ele pode ser resgatado?

– Na verdade estávamos esperando o Leleco estar pronto.

– Leleco pronto? Como assim?

– O Leleco estava comigo em Rancho Alegre, ele estava no refazimento.

– Ele precisou de refazimento?

– Sim, ele chegou bem modificado.

– Como assim modificado?

– Isso fica para outro livro, Osmar – diz Lucas rindo.

– Venha, suba na carroça – me convida Ângelo.

Subimos na carroça. Seguimos por algum tempo naquela estrada de terra batida. Haviam árvores com poucas folhas e a Lua estava muito próxima a nós, quase podíamos tocá-la, tamanha era a proximidade.

O lugar é sombrio, só a luz da lua ilumina as montanhas e as estradas.

– Vamos parar aqui rapazes – ordenou Ângelo.

– Venham, desçam, vamos esperar.

Descemos e ficamos parados ali esperando eu confesso não sei o que. Mas minha curiosidade falou mais alto àquela hora.

– Lucas, o que estamos esperando?

– Não sei.

Calei-me.

Após algum tempo, os dois rapazes desceram da parte de cima da carroça e se puseram a nossa frente como se esperando alguém chegar.

Curioso, fixei meu olhar em direção a estrada.

Que emoção...

Leleco surge correndo feliz em nossa direção.

– Lá vem ele, Ângelo – disse o cocheiro.

Todos nós ficamos muito felizes aguardando a chegada de Leleco.

Após pouco tempo, o animalzinho se joga no colo de Ângelo que o aguardava abaixado. Foi um momento único. Todos ficamos encantados com Leleco que pulava, saltita-

Amigo Fiel

va, latia feliz por nos encontrar, parecia que haviam anos que não nos víamos. Foi um reencontro emocionante. Ele pulou no meu colo, fez festa, me lambeu. Nossa, só de lembrar morro de saudade de Leleco!

– Que festa, Leleco! – disse Lucas.

– Que alegria reencontrá-lo, Lucas – disse-lhe.

– Ele também está feliz em te ver, Osmar.

– Estou vendo – Leleco não parava de me lamber e me beijar.

Após o encontro, todos emocionados ficamos esperando pelas ordens de Ângelo.

– Venham pessoal, vamos andando seguindo Leleco.

Leleco se pôs a andar à nossa frente como se quisesse que nós o seguíssemos para algum lugar. Ele andava e olhava para trás para se certificar que estávamos andando junto com ele.

E pulava novamente, latia de alegria por saber que estávamos todos juntos ali.

Após algum tempo, chegamos a uma clareira grande e pudemos ver uma pequena fogueira ao longe. Nela estar sentado um rapaz que logo tive a certeza que era o Rafael.

Apertamos o passo para chegar mais rápido ao rapaz.

Ao perceber nossa presença, Rafael se colocou de pé

e, com os braços abertos, como faz Ângelo, nos acolheu e abraçou um a um agradecendo aquele encontro.

– Que bom que vocês chegaram – disse Rafael.

Pela primeira vez Lucas se permitiu ser visto por Rafael e me permitiu aparecer para ele.

– Rafael, esse é o Lucas, e esse é o Osmar.

– Que prazer em conhecê-los – disse Rafael nos abraçando.

– O prazer é meu – disse lhe retribuindo o abraço.

– O Osmar e o Lucas estão contando a sua história em um livro, Rafael.

– Olha que prazer. Obrigado Lucas, obrigado Osmar – disse Rafael visivelmente emocionado – Mas você não me pediu permissão para contar a minha história, Ângelo?

– Na verdade a sua história não é muito importante, a história importante aqui é a história de Leleco. É sobre ele que estamos falando – disse Lucas em tom de brincadeira.

– Então vocês fizeram a escolha certa – disse Rafael sorrindo.

Confesso que me emocionei com a atitude do rapaz.

– Leleco foi quem me procurou para contar essa história, Rafael – disse-lhe.

Amigo Fiel

– Leleco está junto comigo há várias encarnações, somos como almas gêmeas. Sempre que encarno peço a ele para me acompanhar. Leleco é como um pedaço de mim, sem ele não sou completo. Conheci Leleco quando encarnei no Sergipe em 1821. Desde então, estamos juntos.

– Que legal Rafael! – disse-lhe.

– Os animais podem reencarnar conosco quantas vezes quisermos, Ângelo? – perguntei.

– É por isso que existem as Colônias onde vivem os animais, como já lhe falamos. Nos curtos períodos de separação, eles ficam nas Colônias esperando pelas encarnações, assim as programações reencarnatórias seguem juntas. Você esperando pela sua oportunidade e seu amigo fiel esperando pela dele junto a sua.

– Que engenharia!

– Sim, tudo está arquitetado no mundo espiritual e não existem acasos, como todos sabem.

– Enquanto você estava encarnado, após a morte de Leleco ele ficou na Colônia, foi isso?

– Sim, ele precisou de refazimento, como expliquei. Leleco desencarnou vítima de câncer. Embora o médico não tenha percebido, foi o câncer que matou Leleco, foi o câncer que provocou a parada cardiorrespiratória. Assim, ele ficou comigo lá em Rancho Alegre, esperando Rafael desencarnar para juntos viverem novas experiências.

– Mas eu tive que ficar muito tempo sem vê-lo, Osmar – disse Rafael.

– Por quê?

– Por causa do suicídio. Embora meu suicídio tenha sido programado ele não deixou de ser uma agressão às leis divinas.

– Compreendo.

– Nunca cometa o suicídio. Ele não vale a pena – disse o rapaz.

– Mesmo quando você tenha programado na sua encarnação? – perguntei.

– Mesmo que você o tenha programado.

– Como podemos saber se o suicídio foi programado e não foi programado?

– Se o suicídio foi um sucesso é porque ele estava programado. Se ele não der certo, não tente outra vez. Ele não está programado para você.

– Siga os sinais, Osmar – disse Lucas.

– Quer dizer que se a pessoa tentar o suicídio e ele der errado isso não estava programado para ele, é isso?

– Sim, se a tentativa de suicídio não deu certo é porque você não está programado para morrer desta forma. Pare imediatamente essa agressão. Tire isso da sua vida!

Amigo Fiel

– Mas, por outro lado, se ele se concretizar na primeira tentativa, se todos os sinais indicam o suicídio, ele provavelmente está programado no seu processo reencarnatório. Mesmo assim você terá que passar pelo Umbral para depurar a lesão.

– De qualquer forma há sofrimento?

– Sim, suicídio significa sofrimento – disse Lucas.

Leleco está feliz ao nosso lado e parece nos convidar para caminhar, parece que ele não quer mais ficar ali.

– Olha, o Leleco está querendo nos dizer alguma coisa – disse.

Rafael se abaixa e olha fixamente para o animalzinho pegando-o pelo rosto carinhosamente.

– O que ele quer Rafael?

– Ele me disse que sempre que você pensar em cometer qualquer ato de maldade, olhe sempre para os animais. Embora ainda não possamos compreender sua linguagem, podemos perceber que eles só desejam a nossa felicidade, que sua lealdade é eterna e que o amor e o perdão são os ensinamentos diários que os animais queridos nos ensinam, e, acima de tudo, eles trazem uma linda mensagem de Cristo para todos nós.

– Qual é a mensagem, Rafael? – pergunta Ângelo.

– Nunca faça nada contra a sua vida, sem primeiro perguntar ao seu *Amigo Fiel*.

Todos riem felizes. Voltamos para a carroça que seguiu para a Colônia Rancho Alegre, onde Rafael e Leleco ficam esperando por uma próxima oportunidade evolutiva.

Voltei feliz ao meu trabalho na casa espírita por ter sido permitido a mim escrever essas linhas.

Lucas... ele está sempre perto de nós!

Obrigado Leleco.

Fim

Outros títulos lançados por Osmar Barbosa

Conheça outros livros psicografados por Osmar Barbosa. Procure nas melhores livrarias do ramo ou pelos sites de vendas na internet.
Acesse
www.bookespirita.com

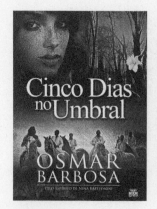  

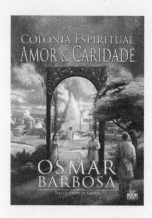 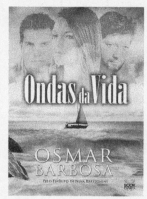 

  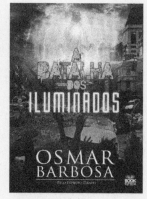

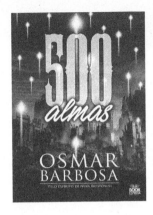  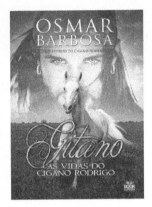
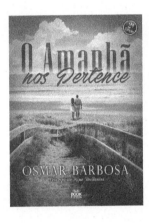  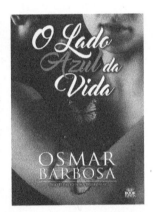
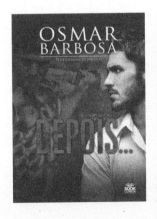 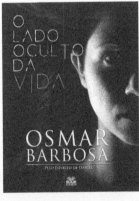 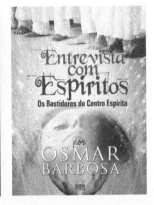

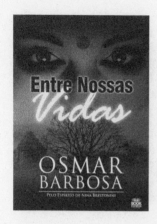
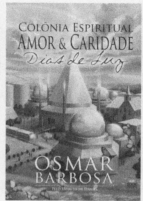
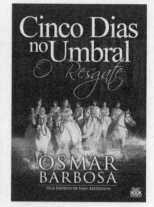

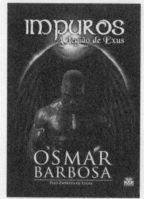

Esta obra foi composta na fonte Century751 No2 BT, corpo 13.
Rio de Janeiro, Brasil.